その話、諸説あります。

ナショナル ジオグラフィック編

はじめに

教科書に載る前の世界へようこそ！

最初にお断りしておくと、**この本に正解は書かれていない**。いや、もしかしたら正解も含まれているかもしれないけれども、そうではない可能性も高い、曖昧な説ばかりを集めた本だ。

テレビ番組などで、物事の成り立ちや歴史を紹介しているとき、「※諸説あります」といった注意書きのテロップが表示されることがある。人によっては異なる説を持っていると強調することで、放送した内容が必ずしも正しいわけではない、ほかの説もあるがどちらも間違いではない、という責任逃れの免罪符のように感じる人もいるかもしれない。

だが本来、「諸説」とは言い訳のための言葉ではない。広辞苑で「諸説」をひくと、「もろもろの意見。いろいろの学説。種々のうわさ」と説明されている。「うわさ」のようないい加減なものもある一方、「意見」や「学説」といった真面目なものもある。そして意見や学説は、そのままでは放っておかれない。いったん諸説が生まれるや、そのなかのいったいどれが正しく、どれが間違っているのか、追究が始まるのである。

答えのない問いと諸説

折しも学習指導要領が改訂され、ここ数年のうちに学校の授業も大きく変わり始める。柱の一つは「未知の状況にも対応できる思考力・判断力・表現力等の育成」。いわば、答えのない問いにどのように向き合うかという姿勢そのものを問われるのだ。

しかし考えてみれば、有史以来、人類はずっと答えのない問いに向き合ってきた。「水平線の向こうに何があるのか」「どうやったら空を飛べるのか」「明日の天気は予測できないのか」「なぜ帝国は勃興し衰退するのか」「何が病気を引き起こすのか」……。執念を持った努力の果てに、あるいは偶然のたまもので運良く、そのなかの一部に答えが見つかると、その答えを後世に伝えようと、見つかった答えが「事実」として教科書に掲載される。

だが、この世界で起きていることのうち、教科書に載せられるのはごく一部にすぎない。それ以外は、いまだ答えのわからない問いと、その問いに答えようと試みる無数の説だ。**この世は諸説でできている、**といってもよい。

説は世代を超える

説は時として、事実として認められるまでに世代を超えることもある。その一例が、アインシュタインが予言した重力波だ。

相対性理論を発表したことで知られるアルベルト・アインシュタインは１９１６年、時空のゆがみが波になって宇宙を伝わる「重力波」が存在するという説を唱えた。しかし当時の観測技術ではその存在を確認できず、アインシュタインの存命中には事実として証明されるには至らなかった。それ以降、長きにわたって多くの物理学者たちが、アインシュタインから渡されたバトンをゴールへ運ぶべく、重力波の検出に挑戦することとなる。アインシュタインが重力波の存在を唱えてから１００年後の２０１５年、レイナー・ワイス、キップ・ソーン、バリー・バッシュらアメリカの物理学者たちが、ついに重力波の観測に成功する。ここに至り、アインシュタインの説が正しかったことが証明された。１００年越しに、説が事実に昇格したのだ。

だが、いったん事実と見なされ、**まことしやかに伝えられていたことでさえ、実は間違っていた**ということも珍しくない。恐竜のウロコがその一例だ。

今の大人たちがまだ子どもだった頃、図鑑を開くと恐竜の体表はウロコに覆われていた。恐竜は爬《は》虫類《ちゅうるい》の一種と考えられていたため、トカゲやヘビと同じ体表を持つというのが定説だったのだ。

この事実を覆したのが、骨格の研究と新たな化石の発見だった。１９７０年代、古生物学者ジョン・オストロムが、鳥類と一部の恐竜の骨格が驚くほど似ていることを指摘。鳥類は恐竜の子孫であるとの説を唱えた。そして１９９６年、中国の研究チームが、オストロムの仮説を裏づける化石を発見する。シノサウロプテリクスの化石に羽毛の痕跡を見つけたのである。その後も、羽毛を持つ恐竜の化石が続々と発見される。

ここに至って羽毛説が脚光を浴びる。今日、羽毛を持つ恐竜がいたことを疑う人はいない。今では「恐竜のなかでどこまでの種が羽毛を持っていたのか」「羽毛を何に使っていたのか」といったことに論点が移り、そこでさまざまな説が唱えられている。

●研究者の世界

諸説はいろいろあるはずだ。この本をつくるに当たり、何人もの先生に協力を仰ぎ、話を聞いた。いずれの方も面白がりながら、時には頭を抱えながら、知恵を絞ってくれた。そうやって集めた問いと説を、この本では紹介する。研究者たちは、自ら説を立てたり、先人の立てた説を証明したり、それらを人に伝えたりするのが仕事だ。その意味で、この本は研究者の世界そのものともいえる。

諸説は理系からも文系からも生まれる。何しろ、**すべての研究者が諸説と格闘している**のだから。よって、この本では歴史や科学など幅広いジャンルを取り上げた。もちろん大きな本ではないので、網羅性があるかといわれれば、少々心許ない。しかし、趣旨は十分に伝わるだろう。

これからしばらくの時間、この本にお付き合いいただき、まだよくわかっていない世界にほんの少しだけ、触れてほしい。教科書に載る前の世界を、存分に楽しんでほしい。

２０２０年１月　編者しるす

もくじ

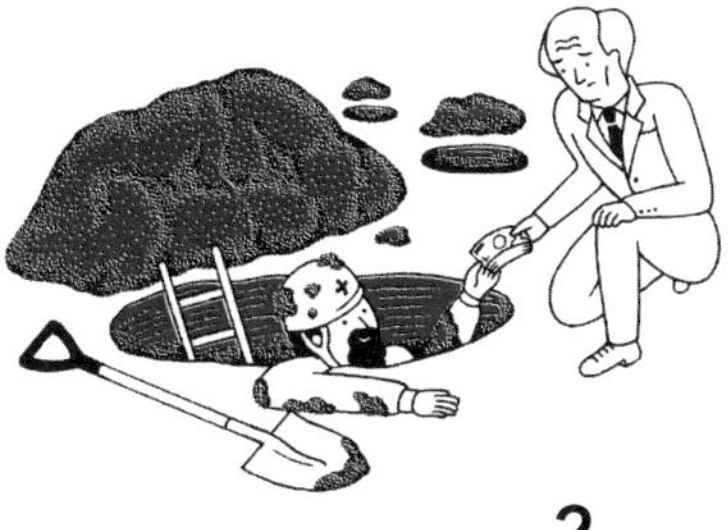

2章

日本史

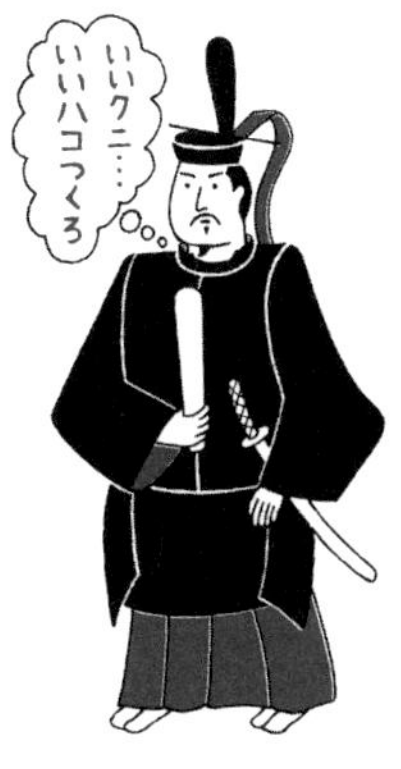

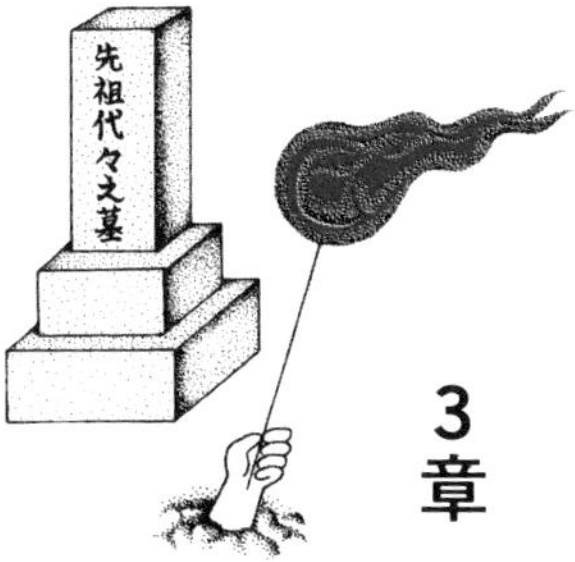

3章

科学

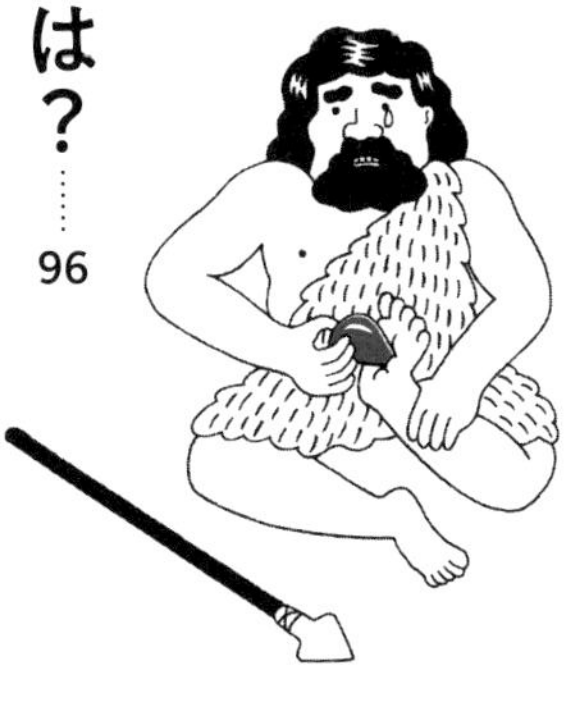

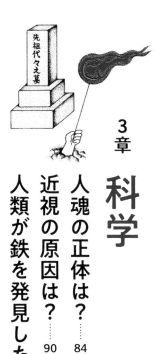

もくじ

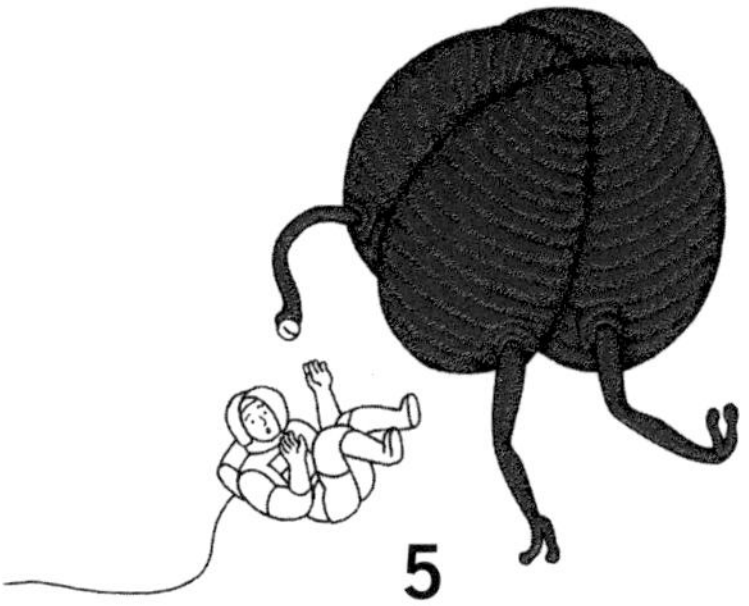

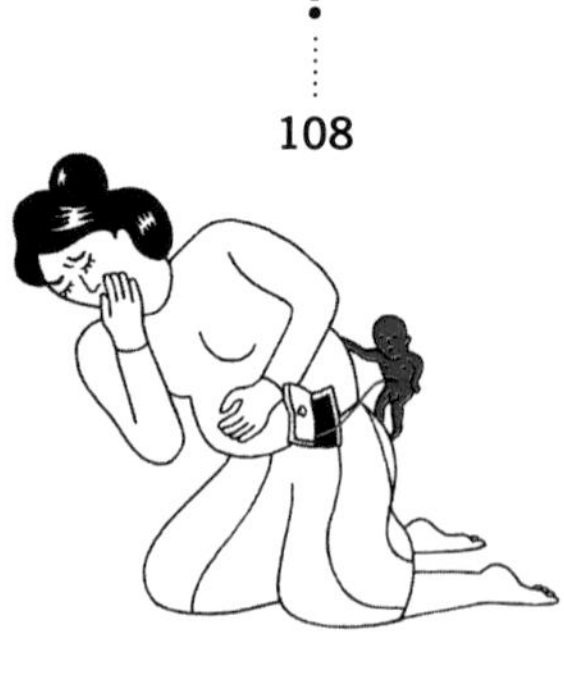

4章 生き物

5章 宇宙

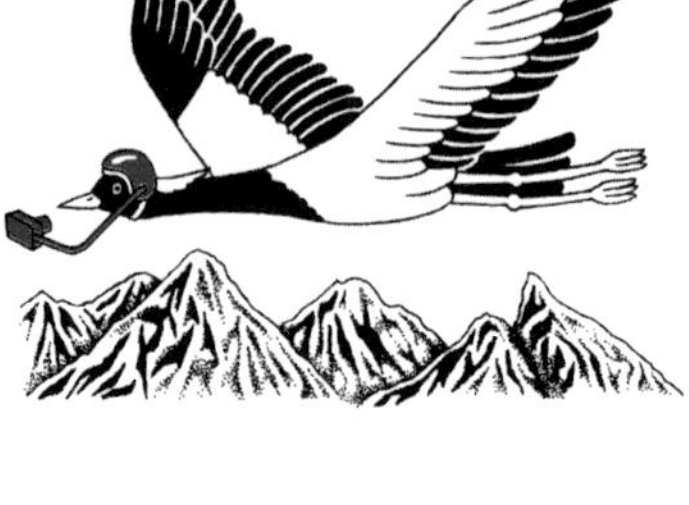

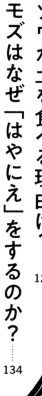

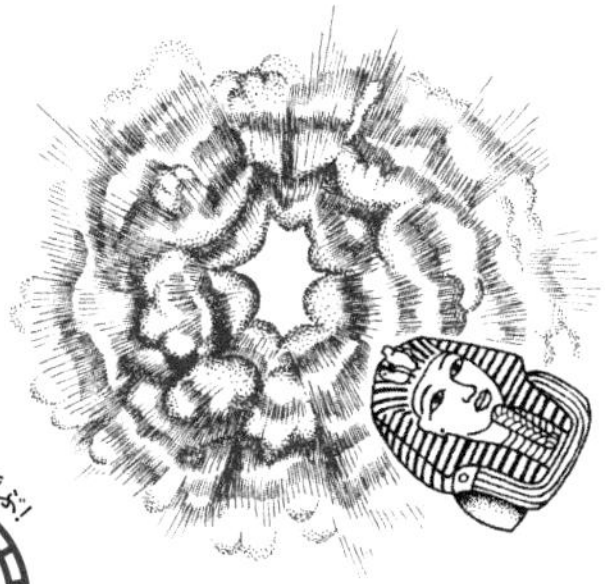

諸説は諸説を呼ぶ！
Column

まず、「諸説」とは何か？

序章

諸説が生まれてから、
消えるまで。

①謎から諸説が生まれる。
②検証が行われる。
③事実がわかり諸説が消える。

① 謎から諸説が生まれる。

この世はまだまだ謎だらけ。謎を解こうとする人たちは、既にわかっている事実をもとに、謎をうまく説明できる説をさまざまに考え出す。

恐竜が絶滅した理由も、長らく謎だった。白亜紀末頃、インドのデカン高原では火山活動が活発だった。そのことから「吹き上げられた火山ガスなどが地球を覆って太陽を遮り、寒冷化したことが絶滅の原因となった」という説が生まれ、この説を支持する研究者が多かった。

隕石の落下説が登場したのは１９８０年だが、当初は懐疑的な目で見られていた。その後、メキシコのユカタン半島の地下に隕石が落下した痕跡となる巨大クレーターが見つかったり、その時代の地層から隕石に含まれるイリジウムが大量に出てきたりして、今ではその隕石が恐竜絶滅の直接の引き金になったことを疑う人はほとんどいない。

少ない材料から事実を追究する以上、わかっていない部分は推測するしかなく、間違いは避けられない。そうした間違いの中から検証に耐える説が残り、事実があぶり出されていく。

すべては謎から始まる。

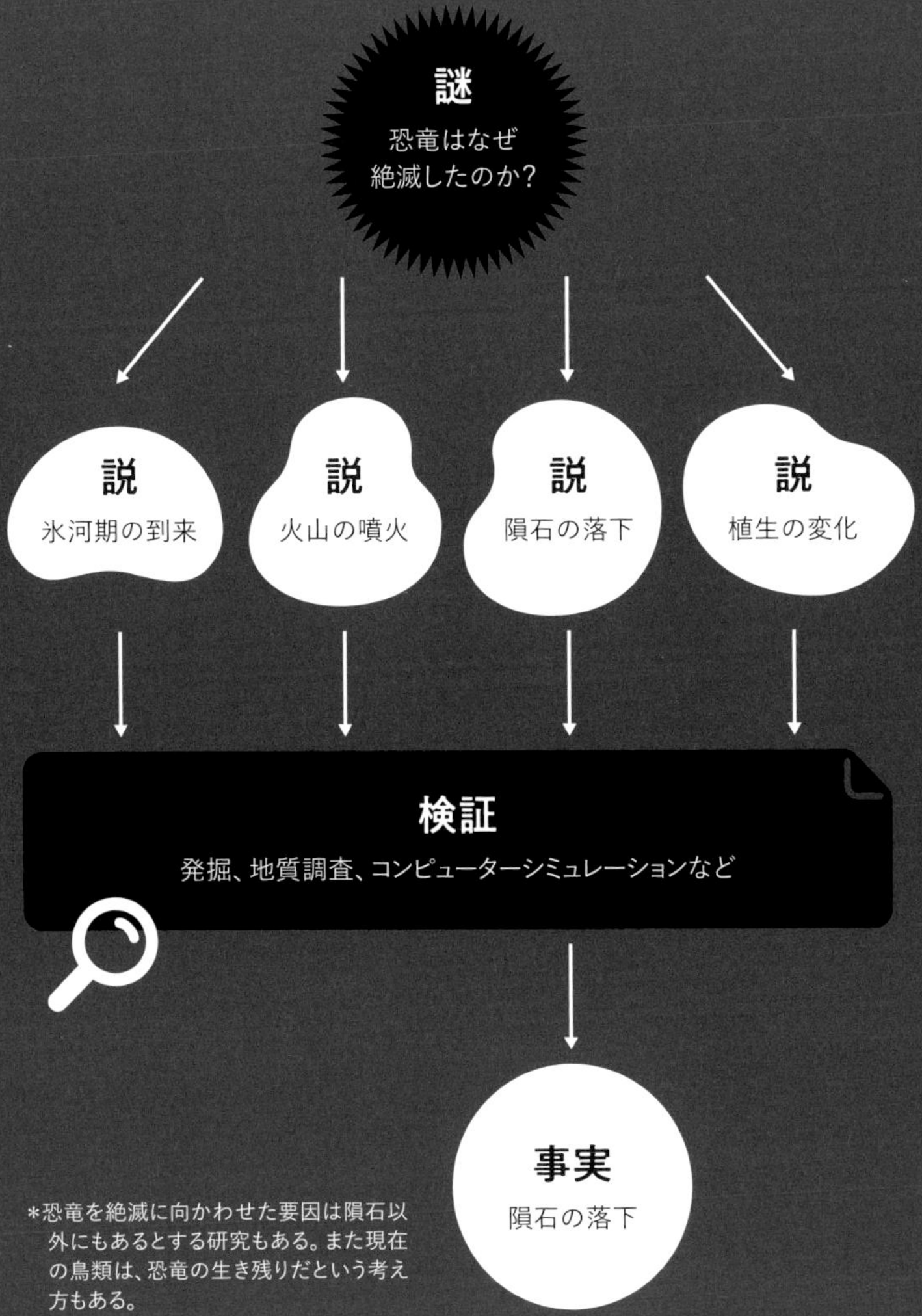

＊恐竜を絶滅に向かわせた要因は隕石以外にもあるとする研究もある。また現在の鳥類は、恐竜の生き残りだという考え方もある。

② 検証が行われる。

検証には、いろいろなやり方がある。歴史を研究する人であれば、古い文献を調べたり、遺跡や遺構を訪ねたりして、実際に起きた出来事の痕跡を探すだろう。

科学の分野では、実験によって事実に肉迫していくかもしれない。女性として世界で初めてノーベル賞を受賞したマリー・キュリーは、放射能に関する1度目のノーベル賞受賞のあとも継続して実験にいそしんだ。さまざまな鉱物の放射能を測定するうちに、ウランよりも強く放射する物質の存在に気づいたキュリーは、ポロニウムに関する論文を発表し、2度目のノーベル賞を受賞した。

生き物の研究だと、野生に出て生態を詳しく観察したり、逆に野生の生き物を捕獲して研究室や飼育施設の一角で観察を続けることもあるだろう。

宇宙の研究であれば、望遠鏡を使った天体の観測や、コンピューターによるシミュレーションが使われる。大型望遠鏡を使用する場合は、1回の観測だけで数年がかりのプロジェクトになることも珍しくない。

検証には いろいろな方法がある。

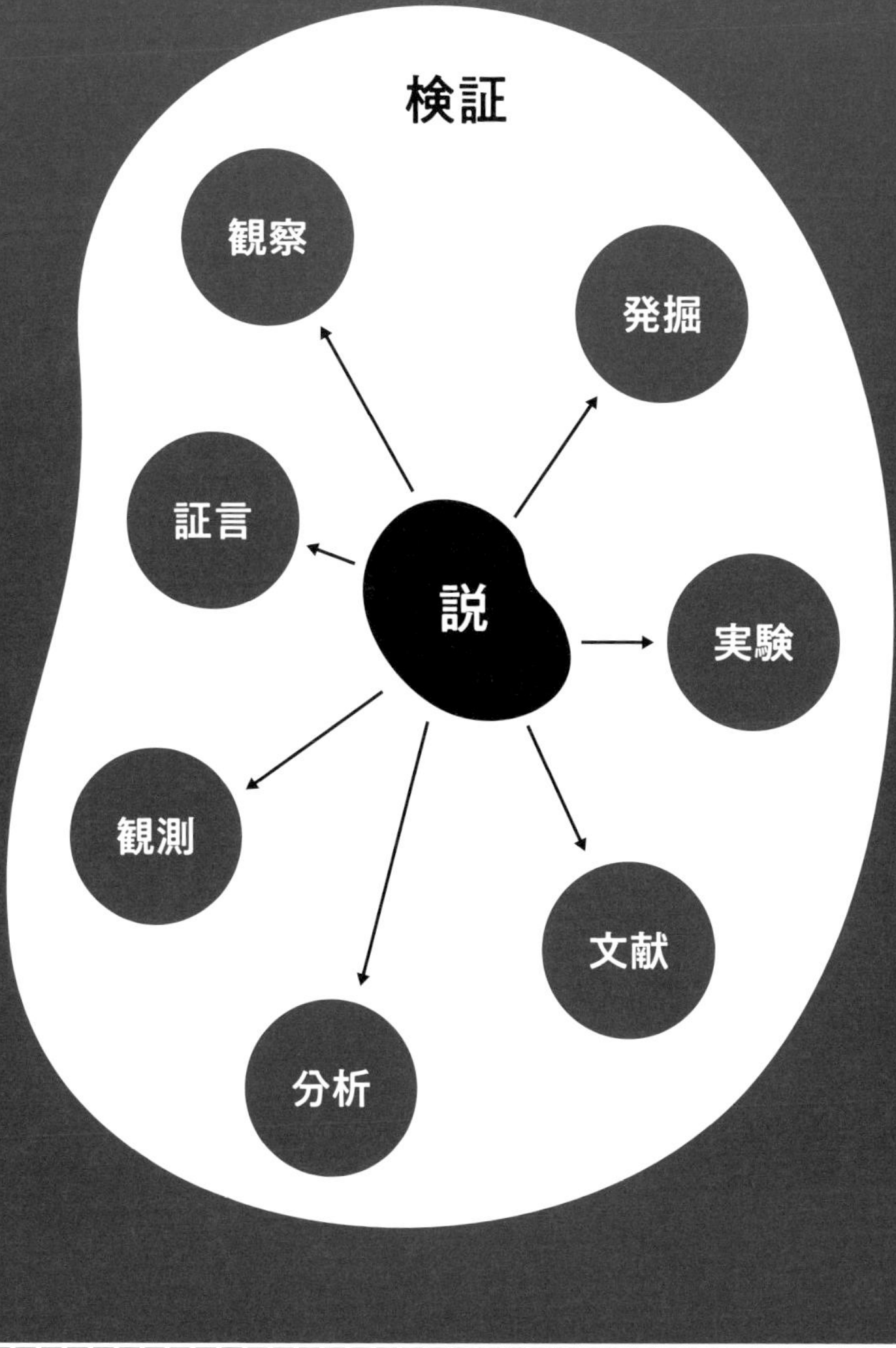

③

事実がわかり諸説が消える。

検証を始めても最初のうちは、どの説ももっともらしく思えたり、自分が推す説にほころびが見つかったりして、事実は藪《やぶ》の中から容易に姿を現さない。だが検証を繰り返すうち、やがて圧倒的な説得力を持った、隙《すき》のない検証結果が見つかることがある。

ここまで来ると、その「説」は「事実」として世に受け入れられる。同時に、その事実と矛盾するほかの説は説得力を失って、消え去っていくのだ。事実として認定された説は、教科書や参考書に掲載され、次の世代へと受け継がれていく。

諸説とは、いわば研究者の努力と知恵の集合体だ。事実として認められるまで何十年もかかることもあれば、事実にたどり着くどころか説ばかりが増えていき、いったいいくつの説があるのかさえわからなくなってしまうものもある。定まったと思っていた事実がひっくり返ることもある。諸説にはドラマがある。

巷《ちまた》にあふれる諸説にも、さまざまなエピソードがあるだろう。研究の面白さに気づくきっかけは、諸説の中に潜んでいるかもしれないのだ。

教科書も書き換えられる。

【日本史の場合】

聖徳太子が十七条憲法や冠位十二階を制定した。	→	厩戸皇子《うまやどのおうじ》（聖徳太子）がすべて一人でこなしたわけではなかった。
鎌倉幕府が始まったのは1192年。	→	1185年、あるいは1180年、1183年などの説がある。
江戸時代には「士農工商」という身分制度があった。	→	武士以外に身分の上下関係はなかった。

では、「諸説」を見に行こう！

1章
世界史

ヨーロッパもアジアも。
世界の国々にある諸説。

モナ・リザのモデルは誰?
ケネディ暗殺の黒幕は?
インダス文明滅亡の原因は?
切り裂きジャックの犯人は?
「ハーメルンの笛吹き男」のモデルは?

モナ・リザのモデルは誰？

世界中に知られる美女の正体はいまだに謎。

ルネサンス★1を代表するイタリアの美術家、レオナルド・ダ・ヴィンチ★2の代表作『モナ・リザ』。フランスのルーヴル美術館で常設展示されている「世界一有名な美女」と称される絵画だ。しかし、この女性が誰なのかはいまだ明らかになっていない。世界中の研究者が議論を重ねており、謎は尽きることがない。ここでは、これまでに世間を騒がせてきた幾人ものモナ・リザのモデル候補たちのなかでも、特に有名な説を紹介しよう。

説1

リザ・デル・ジョコンド説

近年定説とされているのが、フランチェスコ・デル・ジョコンドの妻「リザ・

★1
ルネサンスは14世紀から16世紀半ばにかけておこった芸術運動で、思想、文学、美術、音楽、建築などのジャンルで花開いた。レオナルドが活躍したのは盛期ルネサンス。

★2
レオナルド・ダ・ヴィンチは画家、彫刻家、科学者、技術者、哲学者など、多分野で才能を発揮した〝万能の人〟。画家として確固たる地位を築いた晩年期でも、若い画家相手に素直に教えを請うという貪欲さがあった。『モナ・リザ』は、彼の晩年の作品。最後まで加筆を続けていたことから、未完の作品ともいわれる。

デル・ジョコンド」がモデルという説。16世紀にイタリアで活躍した画家・建築家のジョルジョ・ヴァザーリが、その著書『美術家列伝』のなかで言及している。

リザの夫フランチェスコは、イタリアの絹布《けんぷ》商人で、後にフィレンツェの行政官になった人物。彼は芸術家のパトロンをしており、その一環としてレオナルドに妻の肖像画を依頼したという。

当初この絵は、『ヴェールをかぶったフィレンツェの娼婦』と呼ばれていたが、ヴァザーリがこの絵を『モナ・リザ』と記したことで、その呼び名が広まった。

リザ説でもう一つ興味深いのは、フロイト★3が唱えたこんな説。精神分析の創始者で知られるフロイトは、レオナルドの残した絵画や著作物などから彼の「心」を分析し、この絵のモデルについても迫っている。彼の考察によると「直接的なモデルはリザ」としながらも、「レオナルドの心のなかには、幼少期に離別した実母カテリーナがいた」と述べられている。**レオナルドは、リザの微笑みに愛する母の面影を見ていたのかもしれない。**そう考えると、レオナルドが死ぬまでこの絵を手元に置きたがった理由も理解できる。

説2

ナポリ公妃コスタンツァ・ダヴァロス説

レオナルド自身が、フランスで枢機卿のルイージ・ダラゴーナと会ったとき

★3
ジークムント・フロイトは精神分析の創始者。1910年発表の論文『レオナルド・ダ・ヴィンチの幼年期の思い出』で、「モナ・リザ＝母親説」に言及している。

に、モナ・リザについて「故ジュリアーノ・デ・メディチ侯★4の依頼で描いた、フィレンツェの貴婦人の肖像」と説明したという記述が残っている。**コスタンツァ・ダヴァロスは、メディチ侯の愛人だった**ことから、この説が生まれた。

レオナルドは、『モナ・リザ』の出来映えに満足しておらず、イタリアやフランスの諸都市を巡るときも常にこの絵を持ち歩いていて、制作開始から10年以上も筆を加え続けていたといわれている。そのため、訪問先で『モナ・リザ』の説明をした可能性はあるだろう。

説3

ミラノ公妃イザベラ・ダラゴーナ説

イザベラ・ダラゴーナは、ミラノ公ジャン・ガレアッツォ・スフォルツァの妃。この説の根拠は、**『モナ・リザ』に描かれた女性と年齢が近いこと。そして、同じ構図の肖像画『アラゴンのイザベラの肖像』があること。**

『アラゴンのイザベラの肖像』は、レオナルドと関係の深いラファエロ★5が描いた作品。ラファエロは、1504年に短期間レオナルドに弟子入りしたことがあり、この頃の作品はレオナルドの影響を強く受けている。

★4 ジュリアーノ・デ・メディチはルネサンス期に政治面で栄華を極めたメディチ家の一員だが、政治よりも芸術も愛していた。レオナルドやラファエロなどと交流し、さまざまな芸術家のパトロン活動をしていた。

★5 ラファエロ・サンティはレオナルドと同時期に活躍した画家、建築家。

しかも、ラファエロは『モナ・リザ』の模写をしたことがある。とすれば、この二つの絵に共通点が生まれるのも不思議ではない。

説4 マントヴァ侯爵夫人のイザベラ・デステ説

若年でマントヴァ★6侯位を継いだ嫡男《ちゃくなん》の摂政《せっしょう》として、当時のイタリア情勢で大きな政治的、外交的手腕を発揮したマントヴァ侯爵夫人イザベラ・デステをモデルとする説。同性愛者だったレオナルドが、生涯で唯一惹かれた異性がイザベラだったとされる。

この説の根拠としては、『イザベラ・デステの肖像』というデッサンが残っていること。**イザベラの横顔を描いたものだが、顔や体型が『モナ・リザ』に描かれている女性と非常によく似ている**のだ。

ただし、そもそも『イザベラ・デステの肖像』が、本当にレオナルドの手によるものかどうかは明らかでない。

説5 自画像説

１９８６年、アメリカのリリアン・ジュワルツ博士が、レオナルドの自画像とされる絵と『モナ・リザ』をデジタル解析した結果、『モナ・リザ』はレ

社交的かつ器用な性格で、大規模な工房を運営し、50人の弟子とともに絵画制作にいそしんでいたといわれる。レオナルド、ミケランジェロとともに「ルネサンスの三大巨匠」とされている。年齢はレオナルドの30歳年下、ミケランジェロの7歳年下。

★6 マントヴァは現在のイタリア北西部にある都市。シェイクスピアの悲劇『ロミオとジュリエット』の作中に登場する。

オナルドの自画像であるという結論づけたことから生まれた説。博士によれば、**『モナ・リザ』を左右反転させて、自画像と重ねると、顔の特徴がほぼ完璧に一致する**そうだ。

レオナルドの作品には、「両性具有（アンドロギュヌス）的な性別を凌駕する表現が見られる」と主張する研究者もいて、彼は「完全な人間とは男性と女性を融合させた存在」だと考えていた節がある。また、レオナルドに同性愛者の傾向があったことを示す記録が残っていることからも、男性をモデルに中性的な女性を描くことは自然な流れかもしれない。

しかし反論もある。そもそも同一人物が描いた絵ならば、構図や筆運び、描き方のクセなどが複数の作品で一致するのは当然のことではないか。それに、レオナルドは「すべての肖像画は画家自身の自画像に通じる」という言葉を残している。つまり、彼が人生の最後に描いた究極の肖像画『モナ・リザ』は、究極であるが故にどこまでも自画像に近づいてしまったと考えることもできるのだ。

真実はどれだ!?

美術に興味がない人でも、『モナ・リザ』の絵は知っている。ダ・ヴィンチの作品はほかにもあるのに、どうしてこの絵が特別に注目されるのか。

理由の一つは、その謎の深さだろう。モデルの正体もさることながら、最新の技術で分析すればするほど、新たな謎が出てくる。あの肌の透明感はどうやって描いたのか？　同じような構図の絵があるのはなぜか？　ダ・ヴィンチが死ぬ直前まで、この絵にこだわって手を加え続けた理由は？

500年以上前の時代に生きた彼と、現代の私たちとの知恵比べは続く。

ケネディ暗殺の黒幕は？

事件の背後に黒い影が見え隠れする。

オープンカーの後部座席にいた男の頭が突然、撃ち抜かれ、脳みそが飛び散る。逃げようとする隣の女性。パニックの観衆――。1963年11月22日、遊説先のダラスでケネディ大統領が暗殺された★1。世界史に残る大事件の瞬間をとらえた映像は、非常にショッキングなものだった。犯人として逮捕されたのは、ビル清掃員のオズワルド。だが、事件当時、彼のいた場所とケネディを撃ち抜いた弾丸の弾道に矛盾も……。事件は本当に彼の単独犯だったのか。

説1

オズワルド単独犯行説

アメリカ政府が公式見解としているのが、オズワルド単独犯行説だ。ケネ

★1 惨事は、テレビを通じてすぐに日本に伝えられた。その日は、史上初めて太平洋を越えた衛星中継（当時は宇宙中継と呼ばれていた）の実験が行われた日で、まさにその実験の電波に乗せられて、大統領の死が報じられた。

ディ暗殺事件を専門に調査する政府機関に、ウォーレン委員会がある。1992年にアメリカ議会が可決した法律では、25年以内（2017年まで）にウォーレン委員会が行ったすべての調査の記録を公開すると決定していた。現在、500万ページに及ぶ膨大な資料の中身の大半が公開されてきた。

そこに書かれた情報では、リー・ハーヴェイ・オズワルドが単独で事件を起こしたと結論づけられている。**事件当時、オズワルドは現場近くの倉庫ビルにいるところを目撃されており、**5階の窓から狙撃したとされる。

オズワルド単独犯行説の最大の矛盾は、銃弾の飛んできた方向が、彼のいたビルからは反対だった可能性がある点だ。事件映像を確認すると、銃弾は倉庫ビルがあった後方からではなく、前方からケネディを撃ち抜いていることが見て取れる。もし後方からの狙撃だとすると、3発のうち1発はケネディの背中から首を貫通した後、前に座っていたコナリー州知事の背中を貫通し、最終的に知事の左大腿部に命中しなければならないのだが、この弾道には無理がある。

また、オズワルドには暗殺の動機がない。さらに、車で移動中の対象を3発で仕留めるには相当の腕が必要だが、オズワルドにその実力があったかどうか、疑問視する見方もある。

説2

ソ連陰謀説

オズワルドがソビエト連邦（ソ連）のスパイで、ソ連政府あるいはKGB（ソ連のスパイ組織）の指令によって暗殺事件を起こしたという説がある。ソ連はキューバに配備していた大陸間弾道ミサイル（ICBM）を、いわゆるキューバ危機で撤去せざるを得なくなった★2。これを不服とした**ソ連第一書記のフルシチョフが、報復のためケネディ暗殺を命じた**というのだ。

実行犯にも諸説あるが、そのうちの一人がオズワルドだ。オズワルドは17歳で海兵隊に入るが数年で除隊し、その直後にソ連へ亡命している。もともと彼は共産主義者でロシア語も習得しており、ソ連亡命時代（1959～62年）にKGBとつながりを持った可能性はある。

オズワルドが逮捕されたのは事件発生の1時間後で、あまりにスピーディーだった。さらに、逮捕2日後にダラス警察署でジャック・ルビーという男に銃殺されている★3ことや、そのルビーも服役中に死んでいることなどから、二人を法廷に立たせないため（つまり口封じ）に、ソ連の手先が殺したのだという見方もある。

説3

カストロ陰謀説

★2 このとき、世界は核戦争寸前だった。キューバにソ連軍のミサイル基地が建設中であることに抗議して、アメリカがキューバの海上を封鎖。ケネディは「キューバからの攻撃はソ連によるものとみなして報復する」と宣言した。ぎりぎりの交渉を経て、フルシチョフがミサイルの撤退を決断した。

★3 オズワルドの暗殺もまた、テレビで全米に生中継されていた。

当時、アメリカはキューバ革命★4の指導者であるフィデル・カストロの存在に危機感を抱いており、彼の暗殺計画を進めていたという。**それを嗅ぎ取ったカストロ側が、先にケネディを殺した**という説だ。

アメリカがカストロ陰謀説を知っていたのなら、なぜその事実を隠したかというと、カストロの背後にいるソ連を刺激したくなかったから。下手にソ連を刺激すれば、米ソ間の戦争が起きてしまうかもしれない。

しかし、ケネディを暗殺することのメリットが、カストロ側にあったのかは疑問視されている。なぜなら、ケネディの次の大統領ジョンソンは、ケネディ以上の反共産主義者だったからだ。

説4

CIA陰謀説

CIAが自分たちの組織を守るため、邪魔になったケネディを殺したというのがCIA陰謀説だ。1961年4月、アメリカがカストロ政権の転覆を狙ってキューバに侵攻した「ピッグス湾事件★5」。これが失敗に終わったのは、CIAの失態だといわれている。この件以降、ケネディとCIAの関係は悪化。一説によれば、ケネディはCIAの解体を計画していた。

★4 フィデル・カストロやチェ・ゲバラが中心になって、アメリカと親密だったバティスタ政権を打倒したのがキューバ革命。新政権はソ連との関係が深く、アメリカと対立した。ようやく2015年に両国は国交を回復した。

★5 カストロ政権を潰すためアメリカがキューバに侵攻したのがピッグス湾事件。本島南岸のコチーノス湾に上陸したが、3日間の戦闘の末、キューバ軍に撃退され、アメリカ側の作戦は失敗に終わった。ピッグス湾のピッグスとは、文字通り「豚」のこと。

説5

マフィア陰謀説

ケネディは大統領選挙の際、資金集めや票の取りまとめを依頼するなど、マフィア★6と強いつながりがあったことがわかっている。ところが、**大統領就任後は手のひらを返したようにマフィア排除を進めようとした。**

その裏切りへの報復としてマフィアが暗躍したというのが、この説だ。オズワルドを殺害したルビーは、ナイトクラブの経営者でマフィアとの関係が深かったといわれている。

しかし、もしマフィアが絡んでいるとしたら、アメリカ政府が黙っているのはおかしい。マフィアへの報復措置が取られた形跡がないことから、この説には疑問が残る。

説6

ジョンソン陰謀説

ケネディが亡くなって一番得をするのは誰か。次に大統領になったジョンソン★7が怪しいというのがこの説だ。彼が黒幕なら、ウォーレン報告書の内容を自分に都合よく操作したり、警察内部に裏から手を回して、オズワルドやルビーを殺害したりすることもできたかもしれない。

★6 マフィアはイタリアのシチリア島に起源を持つ組織的な犯罪組織。1900年前後からアメリカに進出し、ケネディが暗殺された1962年頃には大都市を中心に強大な勢力を保っていた。

★7 ジョンソンは大統領に就任すると、偉大な社会(Great Society)政策を掲げ、貧困の撲滅や差別の撤廃を目指した。一方でベトナム戦争への軍事介入を拡大し、戦場は泥沼化していった。

真実はどれだ!?

すべての機密資料のうち、一部の公開が保留されているウォーレン報告書。隠されている部分に何が書かれているのかは大変興味深い。憶測が憶測を呼び、謎が解き明かされる気配はない。

「CIAが持つ情報ルートが記されており、国家機密上、公開することができない」とする見方が主流だが、「そこに真犯人の名が記されている」と考える人たちもいる。あるいは、もっと別の何かが隠されているのかもしれない。

アメリカという国家が崩壊でもしない限り、真実が明らかになることはないのかもしれない。

インダス文明滅亡の原因は？

たった700年で消えた古代都市の謎。

紀元前2600～同1900年頃、インド北部のインダス川流域で繁栄したインダス文明は、ハラッパーやモヘンジョ＝ダロ★1といった都市を中心に広範囲に遺跡が点在し、その規模はメソポタミア、エジプト両文明をはるかにしのぐ★2。当時、それらの都市には約3万人が暮らしていた。彼らは独自の文字を発明し、灌漑《かんがい》農業を営み、貿易まで行っていた。ところが、わずか700年でこつぜんと歴史から消えてしまう。彼らを滅亡に追いやったものは何なのか。

説1

アーリア人侵入説

1970年代まで最も有力だったのが、この説。その**根拠とされたのが、**

★1 ハラッパーもモヘンジョ＝ダロも現代の呼び方で、古代にこれらの都市が何と呼ばれていたのかはわかっていない。ちなみに「モヘンジョ＝ダロ」は「死者の丘」という意味。

★2 一説によると、面積は100万平方キロに及ぶという。

モヘンジョ＝ダロの遺跡で見つかった46体の死体の山だ。頭部に打撃を受けた痕跡のあるものがあったり、首から上のない子どもがいたりして、何者かに意図的に傷つけられたと思われる死体が多かった。また、大半の死体が不自然な格好で葬られていた。こうした状況から、「好戦的なアーリア人★3が侵入してきて全滅させられた」とする説が信ぴょう性をもって受け入れられた。

しかし、この説に対しては「3万人の市民がいたのに、死体が46体しか見つからないのは不自然ではないか」「発見された人骨はすべて屋内にあり、敵の攻撃から逃れたとは考えにくい」などの反論も出た。

その後の調査で、46体の死体は比較的新しい年代のものであることが判明する。そもそもアーリア人がこの地へ侵攻したのは紀元前1500年頃で、インダス文明が滅亡してから400年も後のことである。加えて、遺跡のどこからもアーリア人の侵入を裏づける証拠が見つかっていない。これらのことから、現在ではアーリア人侵入説の立場はかなり弱くなっている。

説2

環境破壊説

アーリア人侵入説に代わって台頭してきたのが、都市住民による人為的な環境破壊が原因だとする環境破壊説だ★4。遺跡の調査から、彼らが建造物の材料

★3
かつて中央アジアで遊牧生活をおこなっていたアーリア人は、紀元前2000年紀から南への移動を始め、インドやイランに定住するようになった。アーリアは「高貴な」という意味。現代のイラン＝イスラーム共和国の「イラン」とは「アーリア人の国」という意味だ。

★4
森林伐採や灌漑など環境破壊によって文明が衰退したという説は、インダス文明に限らず、ほかの文明にもみられる。

として大量の焼きレンガを用いていたことがわかっている。焼きレンガの製造には膨大な量の燃料、つまり木材が必要だ。**森林を大量に伐採したことで一帯が砂漠化し、都市生活が成り立たなくなった**と考えられるのだ。

ほかにも、過剰な灌漑《かんがい》が大規模な塩害を引き起こし、打撃を受けた可能性も指摘されている。さらに彼らは放牧も行っていたため、家畜によってエサとなる草が食べ尽くされ、土壌がやせて砂漠化したという見方もある。

都市人口が増えるに従って消費活動が盛んになり、自然環境を破壊するというのは、現代も古代も変わらない。それが自らの首を絞める結果になったとする説を支持する研究者は多い。

説3

気候変動説

京都にある総合地球環境学研究所★5の「環境変化とインダス文明」プロジェクトは、気候変動説を唱えている。地球環境学の観点からインダス文明期の地球環境を研究したところ、**この文明の衰退期には雨が多かった**ことが判明した。その結果、インダス川下流域で大規模な洪水が起こり、海水準（陸地に対する海面の相対的な高さ）の変動が起きた。

川の近くにあった都市は洪水で流されて消滅した可能性が指摘されている。

★5
地球環境学を研究する大学共同利用機関の一つ。公式キャラクターはカブっぽい風貌の犬「地球犬」とナスっぽい風貌の犬「賀茂ナス子」。

事実、モヘンジョ＝ダロ遺跡は川から5キロ離れているが、少なくとも3度の大規模洪水に見舞われた痕跡が残っている。ドーラビーラなど海に面した都市では、海水準の変動によって海上交通や貿易に打撃を受けただろう。

しかし、洪水や海水準変動は繰り返し起こるもの。都市を川や海から離れた場所に移転するなどすれば良いだけではないか、との素朴な疑問は残る。

説4

河道変化説

モヘンジョ＝ダロ遺跡がインダス川の支流から5キロ離れた場所にあった理由は、しばしば荒ぶる大河に対する防災の意識からかもしれない。ただ、それは「生命の源」である水資源から離れることも意味する。水の確保が十分にできなかったことが、滅亡の理由だと述べる研究者もいる。

説5

古代核戦争説

1980年代に流行した説で、現在では〝トンデモ説〟として扱われている。東西冷戦の真っ最中だった80年代当時、「核戦争」は真実味をもって語られていた。そうした時代的な背景から生まれたのが、この「古代に核戦争が起こり、インダス文明が灰と化した★6」という説だ。

★6 古代に核戦争が起こり、先進的な文明が滅びたという〝トンデモ説〟は、インダス文明のほかにもいくつかあるが、環境破壊説とは違って、いずれも真面目な学会からは一切相手にされていない。

これを推す人々が根拠としたのが、モヘンジョ＝ダロで見つかったという「ガラスになった町」。モヘンジョ＝ダロには半径400メートルにわたって、黒ガラス質の石が地面を覆っているエリアがあるとされ、これが「核爆発による高熱で砂やレンガが瞬間的に溶解しガラス化したもの」といわれた。そのエリアでは、通常の50倍の放射能が計測されたとの話も……。

また、古代インドで書かれた二大叙事詩「マハーバーラタ」「ラーマーヤナ」の神々の戦争シーンに兵器の記述がある、といった根拠を唱える者もいた。

しかし、実のところ「ガラスになった町」そのものが現実には存在しない。インダス文明研究者が**「何度も訪れたが、見たことも現地で話を聞いたこともない」**と断言している。叙事詩については、解釈はいかようにもできるので根拠としては弱い。おそらくオカルト好きの誰かが捏造《ねつぞう》した話に、人々が飛びついて本気にしてしまったのだろう。

真実はどれだ!?

世界史の授業でもそれほどの時間を使って説明されないインダス文明。なぜ詳しく取り上げられないかというと、未解明のことが多いからだ。

文字が残っていれば、そこから多くのことがわかる。インダス文明にも「インダス文字」はあり、約400文字ほどの象形文字が発見されている。ところが、印章に書かれた単語や短文がほとんどで、センテンスのかたちを成していないため、解読が進まないのだ。

この辺りは現代でも紛争が多いことも、研究の進展を遅らせる原因となっている。

切り裂きジャックの犯人は？

130年の時を経て、新説が飛び出した。

1888年★1 8月から11月にかけて、イギリスのロンドンで売春婦5人が殺害される事件が起きた。いずれの被害者も鋭利な刃物で刺された後、バラバラに切り裂かれるという凄惨な姿で発見された。その後、犯人のジャック・ザ・リッパー（切り裂きジャック★2）を名乗る人物から、新聞社宛てに挑発的な犯行声明が送られてくる。複数の容疑者が挙がるが、事件は迷宮入りに。事件から1世紀年以上たった今も、犯人を巡ってさまざまな憶測が飛び交っている★3。

説1

スタンリー説

スタンリーという医者を犯人とするのがこの説だ。スタンリーは、物語の舞

★1 この年、アメリカではトマス・エジソンが映画の原型となるキネトスコープを発明し、ナショナル ジオグラフィック協会が設立された。日本では東京朝日新聞と大阪毎日新聞が創刊され、フランスではゴッホが左耳を切断した。

★2 世界的に有名な未解決事件で、劇場型犯罪の元祖ともいわれる。数多くの小説や映画の題材になっている。

★3 切り裂きジャックゆかりの地を歩いて回るツアーもある。

台にまことしやかに登場するが、驚くべき事実を残して舞台から去って行った。

まず、事件の概要を整理しておこう。5人の被害者は殺害された順に、❶8月31日、メアリー（42歳）、❷9月8日、アニー（45歳）、❸9月30日、エリザベス（40代）、❹同日、キャサリン（40代）、❺11月9日、ケリー（25歳）。いずれも売春婦を生業としており、犯行は夜間、人目につかない街の一角で行われた★4。

5人は医者が使うメスのような刃物で切り裂かれており、特に腹部の損傷が激しかった。子宮やぼうこう、腎臓などが持ち去られている被害者もいた。5人目の被害者ケリーが最も残忍な殺され方で、皮膚や内臓までバラバラにされていた。

9月27日、ジャック・ザ・リッパーを名乗る手紙が、新聞社に届く。そこには「自分は売春婦を毛嫌いしており、警察には決して捕まらない。犯行はまだ続く」と予告する内容が書かれていた。

スタンリー犯人説の根拠は、❶本人が死に際に「自分が切り裂きジャックだ」と告白したと、ある新聞が報道した。❷医師ならメスの使い方や解剖に慣れている。❸犯行動機は息子がケリーに梅毒をうつされて亡くなったことへの復讐、とされた。ケリーとおぼしき人物を次々に殺して、5人目で目的を果たしたという筋書きだ。

ところが、実のところケリーは梅毒ではなかった。また、後の調査で**当時**

★4
犯行が行われたイースト・ロンドンは、もともと移民や低所得者が多く暮らす下町だった。2012年のオリンピック開催を機に、スタジアムやショッピングセンターが建設され、雰囲気は大きく変わった。

ロンドンにスタンリーという医師は存在しなかったことも判明。つまり、スタンリーという存在そのものが、新聞社による創作だった可能性が高いということになっている。

説2

クラレンス公説

1970年代になって発表された説。クラレンス公は、ヴィクトリア女王★5の孫である。彼は王族という身分を隠して遊び歩くことが多く、精神的にも不安定だったといわれている。ロンドンの繁華街で出会った平民の女性との間に女児をもうけたが、身分が違いすぎることから、母子を王室に迎えることができなかった。この秘密を握る女児の乳母がケリーという名だった。**ケリーがクラレンス公の弱みに乗じて王室をゆすった**ことから、彼女とその仲間であった4人が消されたというのだ。

説3

ジェームズ・ケネス・スティーブン説

1972年に王室研究家のマイケル・ハリスンが唱えた説。ハリスンは『クラレンス』という本を出版し、そのなかで犯人はクラレンス公ではなく、その家庭教師を務めていたスティーブンだと書いている。

★5
産業革命によってイギリス帝国が絶頂を迎えた19世紀半ばから20世紀初頭にかけての時期をパクス・ブリタニカと呼ぶ。ヴィクトリア女王は、その時期に君臨した。夫のアルバート公との間に9人の子どもがおり、40人の孫と37人のひ孫がいたため、晩年はヨーロッパの祖母と呼ばれた。

根拠は、切り裂きジャックの犯行声明文の筆跡と、スティーブンの筆跡が似ていること。犯行声明文はきちんと教育を受けた人の文章、筆跡であるという。スティーブンは男色の気があり、クラレンス公に恋心を抱いていたが、ノーマルだったクラレンス公には受け入れられず、女性憎悪へと傾倒していった。その結果、**敵意が売春婦に向けられた**というのがハリスンの考察だ。

説4

バーネット説

1988年に、元FBI捜査官によるプロファイリング★6で導き出された説。バーネットは犠牲者の一人、ケリーと同棲していたとされる男性である。

根拠として、❶バーネットは犯行現場に近いイーストエンドに住んでおり、警察の捜査を逃れて犯行を繰り返すことができた。❷最後の被害者ケリーの恋人だった。❸職業は鮮魚運搬人で、ナイフで魚をさばいたり、重いものを運んだりするのはお手のものだった。❹捜査かく乱のためか、事件前後に引っ越しを繰り返していた。❺売春婦を嫌っていた。

犯行の引き金となったのは、ケリーが一時期やめていた売春婦の仕事を再開し、バーネットとの別れ話を持ち出したこと。

プロファイリングによると、連続殺人犯の年齢は30代が多いとい

★6 プロファイリングは、異常犯罪の捜査に使われる分析方法の一つ。現場の痕跡を、過去のデータの統計や心理学的考え方に照らし合わせて犯人像を暴く。アメリカで発達した捜査手法。

う。当時、バーネットは30歳だった。また、5人の被害者のうち、ケリーの遺体の損傷が激しかったのは、彼女に個人的な恨みがあったからと考えられる★7。犯行声明文の書体についても、バーネットは習得していたという。

実は、事件当時もバーネットは容疑者の一人だった。しかし、普通の青年で凶悪なイメージがなかったことから、犯人ではないと結論づけられたらしい。

説5

アーロン・コスミンスキー説

2014年になって、DNA鑑定★8によりコスミンスキー説が登場した。コスミンスキーはポーランド出身の理髪師。

切り裂きジャック研究家のラッセル・エドワーズが、2007年にオークションで4人目の被害者キャサリンのショールを入手。**そこに付着した体液を鑑定した結果、コスミンスキーの子孫のDNAと一致した**という。

コスミンスキーは当時の容疑者の一人で、目撃者もいた。しかし、目撃者が後に証言を拒否したことや証拠不十分で、逮捕には至らなかった。

この説の異論としては、❶そもそもショールが犯行現場にあった証拠がない、❷売春婦が身に付けるには高級なロシア産のシルク素材だった、❸DNA鑑定としては信頼性が低いとされるミトコンドリア鑑定だった、などがある。

★7
性犯罪は犯人の性的嗜好が表れやすいが、中年女性を好んで殺害していた犯人が、若いケリーを殺したのは、何かほかの4人とは異なる理由があったのかもしれない。

★8
犯罪捜査におけるDNA鑑定の件数は年々増えており、時事通信社の調べによると、日本でも年間30万件前後にのぼる。精度も向上しており、日本の警察が採用しているSTR型検査法では、約4兆7000億人に1人の確率で個人を識別できるという。

真実はどれだ!?

130年以上も昔に発生した事件にもかかわらず、いまだに犯人像を巡って議論が交わされ、近年になっても新説が飛び出すなど、この事件は一向に風化する気配がない。プロファイリングやDNA鑑定など、最新の科学捜査をもってしても真犯人がわからないというのが、ミステリーファンを魅了するのだろう。

ただ、これだけ事件から年月がたっており、これから新たな物的証拠が見つかるのは期待しにくいことなどを考えると、永遠の未解決事件になるかもしれない。私たちが激論推論する様子を、ジャックはどこかの草葉の陰で見ているのだろうか。

「ハーメルンの笛吹き男」のモデルは？

グリム童話で異色を放つ物語は実話だった。

グリム童話★1は言語学者のグリム兄弟が、各地に残る昔話を集めて本にしたもの。そのなかの一つに、ハーメルンの町で実際に起きたとされる、不思議な出来事を題材にした話がある。ある日、笛吹き男が町にやって来て、住民の望み通りにネズミ退治をした。ところが、報酬をもらえるどころか、住民に追い返されてしまう。後日、再び町にやって来た男が笛を鳴らすと、子どもたちが集まってきて、踊りながらどこかへ消えてしまった。子どもたちはどこへ行ったのか。笛吹き男とは何者か。

説1

少年十字軍説

悲劇に終わった少年十字軍に参加した子どもたちが物語のモデルになったと

★1
グリム童話は、グリム兄弟が編さんしたドイツの昔話集。「赤ずきん」「白雪姫」「シンデレラ」「眠りの森の美女」「ブレーメンの音楽隊」「ヘンゼルとグレーテル」「ラプンツェル」など全156話がある。グリム兄弟は19世紀にドイツで活躍した言語学者、文献学者、民話収集家、文学者。

考えるのが、この説だ。中世の西ヨーロッパでは、カトリックの国々が聖地エルサレムをイスラーム教国の支配から奪還する動きが活発化していた。そんななか、第1回の十字軍が派遣されたのが1096年★2。

それから100年余りを経た1212年のこと、フランスとドイツで**宗教熱にかられた12～15歳の子ども数千～数万人が、十字軍として聖地に出発する**という出来事が起きた。この事件を題材にして、ハーメルンの説話が生まれたというわけだ。

主催者が子どもだったことや、フランスとドイツで示し合わせたかのように同時発生している点が興味深いが、教皇や貴族などの大人がたきつけたのではなく、自然発生的に起きたものと考えられている。

ハーメルンの物語では、町中の子ども130人が連れて行かれる一方で、足の悪い子や目が見えない子は残されてしまったと書かれている。これは十字軍として戦地に赴くには不向きとされた子どもたちを象徴しているのだ、という見方もできるだろう。

史実によると、十字軍の遠征に出た子どもたちは武器も食料も持っていなかった。そのため、大半は途中で諦めて故郷に帰った。残った子どもたちは、奴隷業者にだまされてアフリカに売り飛ばされ、過酷な労働を強いられた。

★2
11～15世紀中頃にかけて行なわれた、西ヨーロッパのキリスト教徒による東方遠征。聖地エルサレムをイスラーム教徒の手から奪還する名目で結成された。

ただし、この論に異を唱える者も多い。十字軍研究者によると、発生時点は「少年」による十字軍だったのだが、行列が進むうちに娼婦や盗賊、召使いなど、いわゆる社会的身分の低い大人が相当数加わり、最終的には総勢3万人にもなったという。そうなると、もはや「130人の子どもの失踪事件」とは呼ぶのは無理があるというのである。

説2

疫病説

この時期、流行した疫病に罹患《りかん》し、命を落とした子どもも少なくなかった。**病気を発症した子どもは、隔離するために特別な施設へ連れて行かれたり、施設で亡くなったまま家に戻ることなく葬られたりし**た例も多くあったことは想像に難くない。その様子をとらえて、物語のモデルにしたという説がこれだ。

背景として、13世紀のヨーロッパで横行していた魔女狩りがある★3。魔女の使い魔とされたネコを殺してしまった結果、町には病気を媒介するネズミがあふれかえった。衛生環境が劣悪だったことや寒冷化に見舞われたことなども加わり、都市部ではペストをはじめとするさまざまな疫病が流行した★4。

そうした状況を踏まえてこの物語を読むと、2通りの読み方ができるという。

★3
異端であるとされた人物を魔女とし、裁判にかけて刑罰を与えたり、殺害したりした。ベルギーでは、地域の伝統行事とあわせて、魔女の使い魔だとして魔女狩りの頃に大量に殺されたネコを供養するため、毎年5月にネコ祭りが開催されている。祭りでは、魔女の火あぶりシーンを再現したパフォーマンスも行われる。

★4
ペストはげっ歯類（特にクマネズミ）によって媒介される。ペストに感染すると、壊死によって肌が黒くなるため、黒死病とも呼ばれた。14世紀に大流行し、ヨーロッパでは人口の3分の2が亡くなったと

一つは、笛吹き男は「医者」で、病気の子たちを連れて施設に行った。もう一つは、笛吹き男は「死神」の象徴で、子どもたちはあの世に連れて行かれた、というものだ。

説3

流行性舞踏病説

物語に登場する子どもたちは、ハンチントン病だったという説がある。**ハンチントン病とは、進行性の神経変性疾患で、本人の意思とは関係なく、手足や体全体が動いてしまう。**その様子が「踊っている」ように見えたというのだ★5。

1237年、ハーメルンに近いエルフルトの町で、子どもたちが14キロも何かに取りつかれたように踊り歩き、疲労で倒れたとの史実が伝えられている。

ただ、ハンチントン病は遺伝性の病気。アジアでの症例が多く、大人がかかりやすい傾向がある。西ヨーロッパに住むたくさんの子どもが同時に発症するというのは、少し考えにくいかもしれない。

また、中世ヨーロッパの下流階級では、子どもたちも過酷な日常生活を送っていた。そのため、ストレスのはけ口として踊り狂ったか、あるいは精神に異常を来したか。お祭りの際に、熱と興奮で浮かれたのだと考える人もいる。

もいわれている。日本の医学者である北里柴三郎は、ペスト菌を見つけた研究者の一人。

★5 14〜15世紀のヨーロッパの寓話や、それを題材にした絵画や彫刻を「死の舞踏」という。死者が生きている人の手をとり、行列をつくって踊っている様子が描かれることが多い。踊っている人々は、教皇から農民までさまざまで、どんな階級の人にも死は平等に訪れることを表している。

説4

東方移住説

説1～3が古典的な解釈であるのに対して、この説4は20世紀に入ってからの新しい解釈である。新説は、そもそもこの物語のモデルは「子ども」の失踪事件ではないのではないか、という疑問から発している。これまでの説は、物語に出てくる「kint」という単語を「kind（子ども）」と解釈するのを前提としている。しかし、この言葉は「青年」「若者」など、単に人を指す場合にも用いられる。つまり、失踪したのは子どもとは限らない、というわけだ。

この時代、飢饉《ききん》による物価の高騰で、庶民は食料を求めてヨーロッパ中を移動することが珍しくなかった。**ハーメルンでも人口増加と土地不足があり、移動の必要に迫られていた**ことがわかっている。

また、「笛吹き男は派手な服装をしている」と物語に書かれているが、そのような服装を着られるのは、貴族か貴族に仕える者である可能性がある。とするならば、笛吹き男は東方の貴族かその使者で、ハーメルンの人々に「この地を出て、東方へ移住しよう!」と宣伝していたのかもしれない。ちなみに、ハーメルンと似た名前の地名が、東方の国にあるとか。

真実はどれだ!?

この物語の研究者は世界中にいる。どうして、たくさんある童話のなかで、とりわけ研究者の興味を引いているのか。

最大の理由は、子どもたちの失踪事件が「実際の史実」として確認できるからだろう。ハーメルンの旧市街のほぼ中央に建つマルクト教会のステンドグラス(1300年頃制作)には、「1284年6月26日、色とりどりに着飾った笛吹き男に子どもたちが誘い出され、コッペンの近くの処刑場でいなくなった」との碑文が残されているのだ。

諸説は諸説を呼ぶ!

Column 1

わからないのはモデルだけではない

絵画や彫刻など美術品に隠された謎を追究するには、美術の世界に精通していなければならないのはもちろんだが、発見された場所や当時の時代背景なども考慮する必要がある。そのため、幅広い知識や教養が求められる。

モナ・リザは多くの謎を秘めた美術品の代表。1章ではモナ・リザのモデルは誰か?という謎を取り上げた(20〜25ページ)が、ほかにも「背景はどこなのか?」「なぜこの服装なのか?」「手を組むポーズは何を意味しているのか?」「彼女の微笑みは鑑賞者にどんな影響を与えるのか?」など多くの謎が研究者の好奇心をかきたてる。

例えば、当時のファッションの流行からモナ・リザの生活ぶりを推測する研究家がいる。黒い服を着ているのは喪に服しているからだとか、この形のドレスは当時妊婦がよく着ていたものだとか。このように服装に関しても諸説ある。キャンバスに描かれた彼女の肌から健康状態を推測する医者もいる。数百年前の絵画から肌荒れやしこりの表現を見出すのは、あまりに強引ではないかという反論もあるが、モデルが誰だったのかを考える手がかりにもなり得る。モナ・リザには人々を魅了して離さない、謎とロマンがあるのだ。

2章
日本史

古代から近代まで、日本の歴史に隠れた諸説。

邪馬台国はどこにあった?
鎌倉幕府の成立はいつ?
明智光秀はなぜ本能寺の変を起こした?
徳川埋蔵金はどこにある?
日露戦争の勝利、真の貢献者は?

邪馬台国はどこにあった？

日本中に邪馬台国の候補地がある。

「邪馬台国は近畿にあった」「いや九州だ」「いやいや、関東だった可能性もある」――。歴史や考古学ファンのみならず、日本人みんなの心をざわつかせる邪馬台国★1の位置論争。日本には一切の文献が残っていないため、中国に残された唯一の文献、『魏志』倭人伝★2に書かれた記述をどのように解釈するかで、説が分かれる。研究が本格的に始まったのは、江戸後期。それから200年以上を経た今も、決着がついていない。

説1

畿内説

邪馬台国は今の近畿地方のどこかにあったはずだと考えるのが、畿内説。最

★1
2～3世紀に日本列島のどこかにあった国。女王の卑弥呼が治めており、約30の国から成る倭国連合の都があったと考えられている。

★2
中国の三国時代について書かれた歴史書『三国志』のなかで、魏国に言及した部分が『魏志』。その『魏志』のなかで2～3世紀頃の日本の様子が述べられている。正式には、『三国志』魏書東夷伝倭人条という。

も有力な説の一つである。

邪馬台国の位置論争のもとになっているのは、『魏志』倭人伝にある記述。倭人伝は、中国の三国時代（紀元220～280年）の歴史書『三国志』のなかにある『魏書』の一部で、倭人（いわゆる日本人）について書かれた箇所は2000字程度にすぎない。研究者はここに書かれた内容を手掛かりに、当時の邪馬台国の様子を探ったり、国のあった場所を割り出したりしようとしている。

そこには「3世紀頃の日本には各地に小さな国が存在し、そのなかの一つに邪馬台国があって、女王の卑弥呼が国を治めている」「卑弥呼は248年★3に亡くなった」などと書かれている。朝鮮半島の帯方郡から邪馬台国までの行程については、「南至邪馬台国、女王之都、水行三十日、陸行一カ月」との記述がある。文字通りすなおに読めば**「南の方角に船で海を30日行き、陸地を歩いて1カ月行くと、女王の都の邪馬台国がある」**となる。この距離と方角をたどって行き着く先の一つが、近畿だ。

正確にいえば、この記述通りにルートを取ると近畿には行き着かないのだが、この説では「南を東と勘違いした」と解釈し、奈良盆地の辺りに候補地を位置づけている。中国の古文献を見ると、南と東を誤認している表記が見つかるというのが、その論拠だ。

★3 247年説もある。

ルートの矛盾をひとまず置いても、畿内説が有力視される根拠が大きく二つある。一つは卑弥呼の墓。倭人伝には「墓の大きさは100余歩」とある。一歩を1・1〜1・2メートルとすると、120〜150メートルほどの大きさだ。**3世紀頃の古墳でそのサイズのものは、近畿地方にはたくさんある。**近年注目されている箸墓古墳《はしはか》（奈良県桜井市）は最有力候補だ。

二つめが、魏国からの返礼品として贈られたという銅鏡の「三角縁神獣鏡《さんかくえんしんじゅうきょう》」。全部で500枚程受け取ったとされるが、近畿地方の遺跡を中心に発見されている。

つい先日、3世紀頃の遺跡とされる纏向《まきむく》遺跡（奈良県桜井市）★4から「モモの種」がたくさん見つかった。モモは中国王朝では繁栄の象徴で、神権政治でも用いられていた。卑弥呼がシャーマン的な存在であることを鑑みれば、モモの種の発見は畿内説を強化する材料となりそうだ。

邪馬台国が近畿にあったとすれば、その後の大和政権へのつながりにも無理がない。

説2

北九州説

畿内説と並んで昔から有力なのが九州説だ。九州説にもいろいろあり、北九

★4
奈良県桜井市の三輪山の北西麓一帯にある遺跡。3世紀頃の遺跡と考えられている。この遺跡の一角に箸墓古墳がある。最古級の前方後円墳にみられる、前方部がばち型に大きく開いた形状をしている。規模は墳長およそ278メートル。また、3世紀前半から中葉に築造された墳長100〜120メートルクラスの墳墓も多く発見されている。

州という人もいれば、南九州という人もいる。まずは北九州説から見ていこう。北九州は中国・朝鮮文化の流入口であり、当時の文化水準も、国内随一であったと考えられている。

この説の最も大きなよりどころは、佐賀県の吉野ケ里《よしのがり》遺跡★5。遺跡は1〜2世紀のもので邪馬台国より1世紀余り古いが、**弥生時代ここに巨大集落があったことは間違いない**とされる。東京ドームの6倍以上の広大な場所に、大きなやぐらや堀などの跡が多数発見されていて、倭人伝の記述とも合致する。100年前にこれだけの集落が作れるということは、卑弥呼の時代に国があったと考えるのは不自然ではない。

ただし、卑弥呼の墓に該当する年代および大きさの古墳は今のところ見つかっていない。大小さまざまな銅鏡は多数見つかっているが、そのなかに魏国から送られたはずの「三角縁神獣鏡」の出土例は少ない。

説3

南九州説

続いて南九州説はどうか。実は、倭人伝にある邪馬台国までのルートは、真っ正直に地図に当てはめるとボルネオ★6に近い方まで行ってしまう。そこで、畿内説を唱える学者は、先述したように「南と東を誤記した」と解釈している。

★5
約50ヘクタールに及ぶ弥生時代の大規模な集落。周囲に堀が巡らされている。吉野ヶ里歴史公園が2001年にオープンし、物見やぐらや竪穴住居、高床倉庫が復元されている。

★6
ボルネオ島は南シナ海の南の端にある。東京からの距離は4600キロほど。

北九州説を唱える学者は「船で南に10日または陸地で1カ月歩く」と解釈して北九州に収まるようにしている。

ボルネオと大きな隔たりがある点では南九州も変わりないが、近畿や北九州よりは方角的には近い。そもそも当時の人々が大海を越えた長旅で、正確に距離と方角を把握できていたかどうかは確証がない。ちなみに、熊本県にはかつて山《やま》県郡《とぐん》があった。ヤマという地名に、邪馬台国の名残があると主張する学者もいる。

説4

その他の候補説

現在有力視されている畿内説も北九州説も、邪馬台国までのルートを都合よく解釈しているという論は避けられない。そのように、恣意《しい》的に解釈することが許されるのであれば、邪馬台国の候補地は日本中のどこでも当てはまることになる。実際、瀬戸内海説や関東説など、数え上げれば70を優に超える候補地が見つかる。

その多くが根拠として挙げているのは、**地名や神社名に「ヤマ」「ヤマト」がつく**というものだ。発想としてあり得なくはないが、その呼称が古代までさかのぼれるかの検証が必要だ。そもそも山がつく地名や神社は、この国にごまんとある。

日本人としては、古代国家の発祥の地が「自分の愛着のある地であってほしい」と願う気持ちが働くのかもしれない。

真実はどれだ!?

物的証拠があるのが畿内説と北九州説で、この二つは江戸時代から唱えられてきた。畿内説を唱える人が京都大学に多いことから「京大説」、北九州説は東京大学に多いことから「東大説」と呼ばれていた時期もあった。

それ以外の説は物的証拠はないものの、それぞれに「なるほど」と思わせる部分がある。おかげで邪馬台国論争はしばしば対立を生み、激論を巻き起こしてきた。江戸中期に活躍した政治家、新井白石や国学者の本居宣長も邪馬台国の魅力に引き込まれた一人だった。それだけ人々を熱くさせ、夢中にして離さない魅力にあふれているということだ。

鎌倉幕府の成立はいつ？

「イイクニツクロウ」はもう古い。

ある年代以上の人は、鎌倉幕府の成立といえば「イイクニツクロウ鎌倉幕府」で1192年と覚えたはずだ。だが、その暗記法は過去もの。鎌倉幕府の成立にはさまざまな説があり、学校の授業でもどれか一つに絞って教えはしない。個々の歴史的事実が大きく書き換えられたわけではないが、何をもって幕府の始まりとするか、その解釈によって説が分かれるようになった。

説1

1180年説

1180年説では、源頼朝が鎌倉に侍所《さむらいどころ》を設置した年をもって幕府の成立と考える。侍所は、武家のための役所で、頼朝から信頼の厚い武家たちが集められた。鎌倉に侍所ができたということは、政治の場が「貴族のいる朝廷」から「頼朝のいる鎌倉」へ名実ともに変わろうと意図したことを意味している。

かつての研究では、平安時代末期に日本を支配した平家政権は「武家であった平家が、貴族に憧れてその真似をして作った政権」と考えられてきた。ところが、最近の研究でそれとは内容が異なることがわかってきた。平家の政権は、最初から武家ならではの政権を志向していた。

例えば、平家政権下で展開された日宋貿易。外国との貿易で外貨を稼ぎ★1、自分たちの財政を潤して軍事力を強化するという発想は、それより前の藤原摂関《せっかん》政治の時代にはなかったものだ。日宋貿易にあたって平清盛は、現在の兵庫県神戸市の港を大輪田泊と改築し、瀬戸内海の音戸《おんど》の瀬戸に運河をつくって、貿易を独占した。

広島の厳島《いつくしま》神社には、平家の公達《きんだち》たちが納めた経典や書物が多数保管されている★2。それをひも解いていくと、貴族の真似事どころか、清盛が武家ならではの政治形態をつくろうとしていたことがうかがえる。つまり平安時代の終わりには、既に「プレ武家政権」ができていたのだ。

そうだとすれば、次なる政権は「本格的な武家政権」でなくてはならない。そこで出てきた説の一つが、この1180年説である。**侍所こそが、本格的な武家政権の象徴だ**と考えるわけだ。

★1
日宋貿易の拡大に伴い、日本に宋から大量の宋銭が入ってきた。

★2
海に立つ大鳥居で有名な厳島神社は平家との関わりが深く、一説によると平清盛も造営に関わったという。平家の隆盛とともに社運も高まっていった。

説2

1183年説

頼朝が後白河法皇から東国支配権を承認された年をもって、幕府の成立と考えるのが1183年説だ。後白河は30年もの長きにわたり、院政を敷いて権勢を振るった日本史上の傑物である★3。武士の二大勢力として台頭してきた源氏と平氏を戦わせて両方を疲弊させた上で、再び天皇家の力を盛り返す策略を立てていた。

1183年は、頼朝の軍勢が力をつけてきた時期。後白河はその機をとらえ、東国の支配権を頼朝に与えて、「お前に目をかけているぞ」とアピールした。**地方の一武家に対して法皇が直々に支配権を与えるのは異例**のことだ。この説ではその事実を重く見て、1183年を武家政権の成立と考える。

説3

1185年説

壇ノ浦で平家が滅亡し、頼朝が守護・地頭を設置した年を幕府の成立と見るのが、1185年説である。平家が滅亡したことで、後白河の計画が大きく崩れた。そこで、後白河は作戦を練り直し、頼朝とその実弟の源義経を敵対関係に仕向けることを思いつく。

★3 譲位後は34年にわたって院政を行った。あまりに破天荒な生き様から、「日本国第一の大天狗」と呼ばれる。

義経は頼朝の9番目の弟で、平家討伐で大活躍した。後白河はその褒美として義経を呼び、頼朝に与えた「従二位」の位に次ぐ「従三位」の位を与え、さらに領地も与えた★4。

これを知った頼朝は大いなる不快感を覚え、さらに義経を警戒するようになる。その緊張状態が爆発したのは、義経が壇ノ浦の平家の残党を引き連れて、鎌倉にいる頼朝に挨拶に赴いたとき。頼朝は義経が連れてきた捕虜だけ受け取って、義経自身には会おうとせず、追い返してしまった。このときの無念を義経が切々とつづった手紙が、あの「腰越状《こしごえじょう》★5」だ。

京都に戻った義経のもとには、頼朝による暗殺団が差し向けられた。義経は逃亡し、北陸道へ。これを追跡するために配置されたのが守護と地頭である。

1185年の時点では、頼朝の支配権が及ぶ東国と、平家討伐で鎮圧した**西国の一部にのみ守護・地頭を置くにとどまったが、これが全国支配への第一歩となった**ことから、この年を鎌倉武家政権の成立年だとこの説では考える。

説4 1192年説

1192年は頼朝が天皇から征夷大将軍の役職を拝命した年。かつてはこ

★4 分不相応な地位を与えて相手を思うように動かす、いわゆる「位打ち」の標的となった。

★5 1185年5月24日、頼朝の怒りを買った義経が自身の無実を訴えた手紙が腰越状。義経が腰越状をしたためた満福寺には、硯の池、弁慶の腰掛石など当時をしのばせるものが残されている。

の１１９２年説が、日本史の教科書に史実として掲載されていた★6。

後白河は自分の思い通りにならない頼朝を気に入らず、彼が新政権を興すことには徹底的に反対した。その姿勢の表明として、当時、武士として最も価値のあった征夷大将軍の冠名を決して与えようとはしなかった。

それに対して頼朝は、鎌倉から豪華絢爛な衣装を身にまとい、大行列を組んで貴族たちに大金をばらまいた。そうやって後白河にプレッシャーを与えたのだが、「右近衛大将」という中途半端な位しかもらえなかった。結局、征夷大将軍の位を手に入れることができたのは、後白河が亡くなった１１９２年のことだった。

征夷大将軍とは、奥州にいた蝦夷《えみし》族を制圧するための連合部隊を率いる大将のこと。蝦夷制圧は奈良時代から中央政権にとっての悲願だった。戦場に向かう際、前線基地として建てられたのが「幕府」である。幕を張った建物の中で、将軍は軍事に関する案件を処理した。つまり、征夷大将軍がいる場所＝幕府となる。

幕府がなければ戦《いくさ》は成り立たないし、征夷大将軍がいなければ幕府もないわけで、この二つは必要十分条件の関係にある。だからこそ、「鎌倉幕府の成立は１１９２年」という説が長く定着してきたのである。

★6
頼朝が征夷大将軍に任命された当時の天皇は、まだ子どもだった後鳥羽天皇。彼を支えていた摂政は九条兼実（かねざね）。

真実はどれだ!?

鎌倉幕府の成立は「本格的な武家政権が、何をもって確立したととらえるか」によって見方が変わってくる。

この時代は「貴族社会」から「武家社会」への過渡期であり、その潮目の変化が起きた瞬間こそが幕府の成立であると考えることではどの説も一致しているが、その変化が起きた瞬間をいつと考えるかで、いくつもの説が生まれた。その意味では、どの説も正解であり、答えは一つではない。

ゴロ合わせも変わっていく。

明智光秀はなぜ本能寺の変を起こした？

戦国の世で、さまざまな思惑が交錯していた。

天正10（1582）年、天下統一を目前にした織田信長を、重臣であった明智光秀が京都・本能寺で討った「本能寺の変」。光秀が謀反などという大胆な行動を起こした理由は今でもよくわかっていない。信長は専制的な性格の持ち主で、それが災いして家臣団が仲違いを起こすなど、政権はもともと不安定だった。そういう意味では、謀反は起こるべくして起きたのかもしれないが、何がそのきっかけとなったのかには諸説がある。

説1

遺恨・怨念説

光秀は信長に対して日頃から恨みつらみを募らせていた。そのため反逆の機会を狙っていたとする説だ。

本能寺の変からさかのぼること数年。光秀が信長の命を受け、5年の歳月をかけて丹波《たんば》★1の地を攻略した、いわゆる「丹波攻め」のときのこと。攻略も終盤となった天正8（1580）年5月18日の八上《やかみ》城攻めで、光秀は敵対する波多野兄弟の激しい抵抗にあい、和議を申し入れる。そのとき、光秀は「信長に従うのであれば、そなたたちの地位と領地は侵すまい。約束の証しに私の母を差し出そう」と言って、自身の育ての母（於牧《おまき》の方とされる）を八上城に送った。

於牧の方と交換で、波多野兄弟は安土にいる信長のもとへ送られたのだが、信長は非情にも波多野兄弟を処刑してしまう。このことに怒った波多野家の家臣たちは、報復として人質だった於牧の方を殺害する。

光秀は波多野軍の前で自らの面目を潰されたばかりでなく、母まで殺されてしまったのだ。このときの遺恨が、彼を本能寺の変へと駆り立てた一つの原因だといわれている。

恨みつらみの原因はほかにもある。本能寺の変が起こる半月ほど前の5月中旬、安土の信長のもとに徳川家康が訪問してくる機会があった。家康は先だっての武田との戦いで貢献し、信長から多大な領地を拝領した。そのお礼に訪れていたのだ。このとき、家康の接待を任されたのが光秀だった。大役を任されてい

★1
丹波は現在の京都府、兵庫県、および大阪府の一部。ここを平定すれば、当時、信長が本拠としていた岐阜から西への攻略がやりやすくなる。その後、支配したこの地の領民から光秀は慕われていたようで、地元では毎年5月に「亀岡光秀まつり」が開催されている。

ることから、光秀が信長から厚い信頼を寄せられていたことがうかがえる。

光秀は京や堺の名物を集めて家康をもてなしたが、そのなかに光秀の出身地★2であった琵琶湖の魚があった★3。海の魚に比べると、淡水魚には独特の匂いがある。それを見とがめた信長が、家康の面前で「こんな臭い魚を出すとは、どういうつもりだ！」と光秀を罵倒したという。**ライバルの一人だった家康の前で、大恥をかかされた光秀の心中は察するに余りある。**

ただし、この逸話そのものが作り話だという説もある。

説2

野心説

光秀も信長同様、かねてより天下布武★4を狙っていた。ほかの戦国武将がいない空白の瞬間をとらえて、信長を討ったというのが、この説だ。どの戦国大名にとっても天下獲りは悲願である。「隙あらば大将の首を獲り、自分が代わって天下を獲る！」その思いは、光秀にとっても同じだったのかもしれない★5。

信長が室町幕府の15代将軍 足利義昭を奉じて京に入った天正10年頃は、各地に信長に抵抗する勢力がいた。そこで信長は家臣たちに命じ、各地の平定に向かわせた。北陸の上杉景勝に対しては柴田勝家と前田利家を差し向けた。甲斐の武田勝頼に対しては徳川家康と滝川一益を、中国の毛利輝元に対しては羽

★2
近江の出身とする説と、美濃の出身とする説がある。

★3
今ではブラックバスやブルーギルなどの外来魚をたくさんの人が釣りに来る琵琶湖だが、古くからコアユ、ニゴロブナなど、ビワマス、おいしい湖魚が獲れ、今でも郷土料理として愉しまれている。

★4
天下獲りを目指していた信長は、自身が使っていた朱印に「天下布武」の文字を刻んでいた。

★5
明智家は古くから織

柴秀吉を、四国の長宗我部元親《もとちか》に対しては光秀をそれぞれ差し向けている。

本能寺の変が起きた天正10年6月2日は、光秀だけが京に戻っていた。まるでエアポケットのように、**ぽっかりと信長と光秀だけの時間ができてしまった**のだ。「今なら誰にも邪魔されずに信長を倒すことができる!」そんなひらめきが、光秀を突き動かしたのかもしれない。

説3

朝廷黒幕説

信長の天下統一を阻みたい天皇家が、光秀を使って謀反を起こさせたという説。明智家はもともと天皇家との関係が深く、一説では血縁関係にあるとされている。

天下統一に突き進む信長は「自分こそが天下一の存在である」と考え、天皇家のことは下に見ていた節がある。これは、1998年から始まった安土城の発掘調査からわかってきたことだ。

それによると、安土城は7層の天守閣を持っていた。通常、天守閣は防戦や指揮を行う軍事中枢としてつくられるが、信長の場合は天守閣の最上階を自身の住居にしていたようだ。そして、天守閣の隣の建物に、京都の清涼殿★6によく似た造りの部屋をこしらえている。その部屋は、信長がいる天守閣の7階か

田家に使えていた古参ではない。浪人だった光秀は信長に取り立てられ、近畿方面軍の司令官にまで上り詰めた。本能寺の変の直後、羽柴秀吉との戦いに敗れて没する。

★6 京都御所の中にあり、天皇が日常生活をおくっていたのが清涼殿。火災で焼失したが再建され、現在も残っている。観光で訪れることも可能。

ら見下ろす高さにあった。

このことから、**信長は自分より低い階層に天皇を住まわせ、支配下に置く算段だった**と考えられる。傍若無人な信長に危機感を抱いた天皇家が、朝廷派だった光秀と裏で手を結び、信長を殺す機会を虎視眈々《たんたん》とうかがっていたのかもしれない。

説4

四国説

四国で勢力を誇っていた長宗我部元親《もとちか》と友好関係にあった光秀が、信長の四国討伐を阻止するために信長を倒したとする説もある。

当時、元親は阿波を除く三国（土佐、伊予、讃岐）を支配下に治めていた。光秀は信長から命を受け、元親との外交折衝《せっしょう》役を務めていた。光秀と元親の間にはやがてある程度の信頼関係が芽生え、「土佐と阿波の半分を長宗我部氏の領地とし、その他は信長に差し出す」という妥協案で交渉がまとまりつつあった。

ところが、信長は光秀を四国から引き上げさせ、それまでの交渉を無視して、元親に「領地を差し出せ」と迫った。**自身の功をむげにされた光秀は憤怒**し、謀反へと向かっていったと考えるのが、この説だ★7。

★7
結局、大坂の陣で豊臣側について破れた長宗我部家は、直系の家督が断絶する。その家臣たちは、新たに送り込まれた大名、山内家のもと、土佐藩で不遇の時代を生き延び、やがて武市瑞山や坂本龍馬、中岡慎太郎といった時代をひっくり返す幕末の志士を輩出する。

真実はどれだ!?

戦国時代は、天才的な逸材が群雄割拠した稀有な時代。つまり、誰が天下をとってもおかしくなかった。ほんの少しタイミングやきっかけが違ったら、信長がそのまま天下統一を果たしていたかもしれない。光秀が生き延びて新幕府を開いていたかもしれない。武田信玄や上杉謙信が天下を獲っていたかもしれない。

そうしたら、日本の歴史はまったく別物になっていただろう。「もし、あのときこうだったら」「もし、これがこうなっていたら」――そんなふうに、「もしも」の世界を考えてみたくなる。戦国時代を題材にした〝パラレルワールドもの〟が映画や小説、漫画に多いのもうなずける。

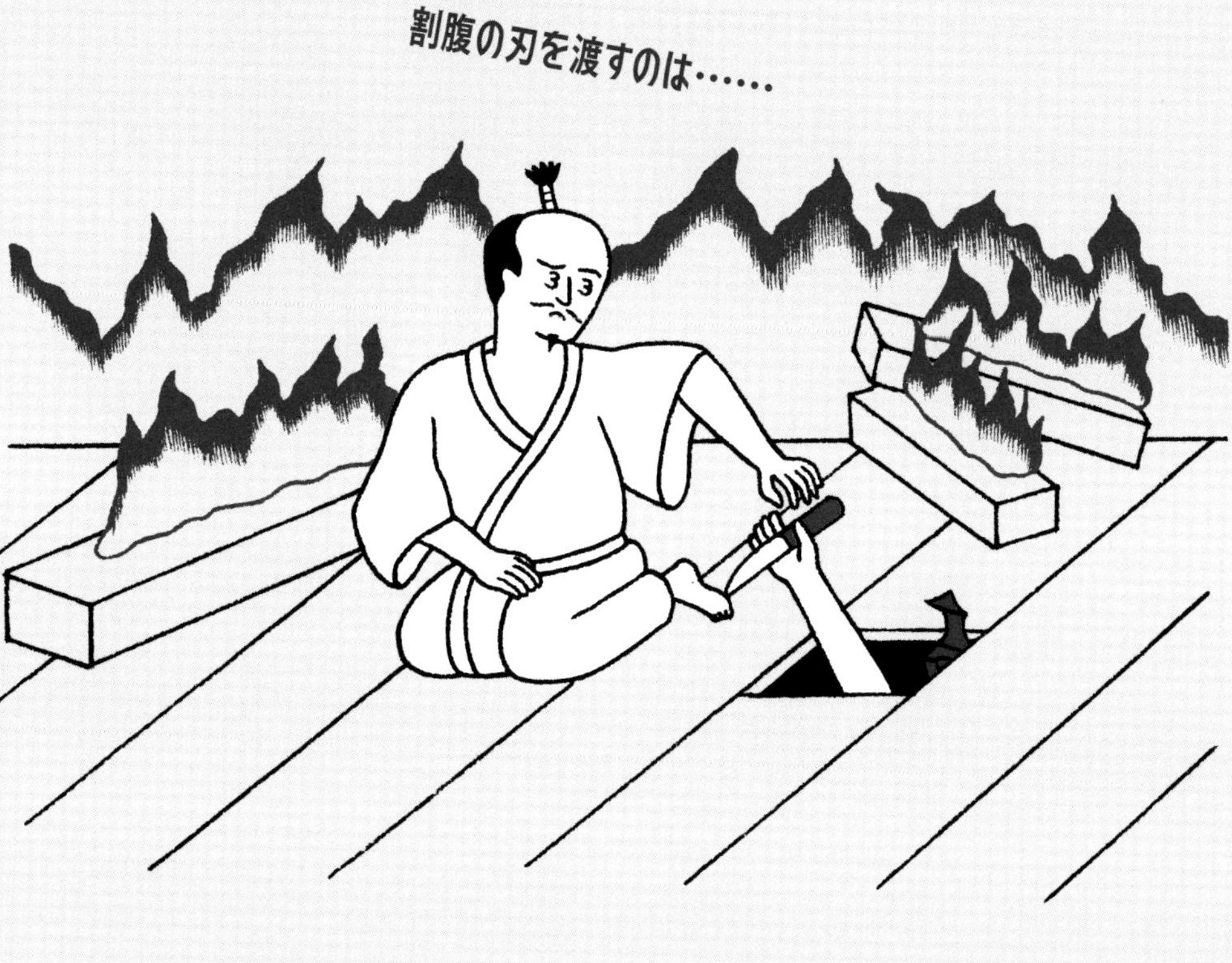

徳川埋蔵金はどこにある？

誰かが隠した？ 使い果たした？ それとも……

江戸幕府には年に200万〜400万両もの収入があった★1。にもかかわらず、江戸開城の際、金目のものは何もなかった。残されていたのは「味噌だる三つだけ」だったという話も……。しかし、200年以上も栄華を誇った江戸幕府がまさか一文無しだったとは考えにくい。では大金はどこへ行った？謎解明のカギを握るのは、幕末の勘定奉行を務めた人物、小栗上野介《こうずけのすけ》か。はたまた、不仲だったことで有名な篤姫《あつひめ》と和宮《かずのみや》が結託した結果か。

説1

赤城山埋蔵説

幕臣の一人、小栗上野介忠順《ただまさ》が、自らの領地に近い赤城山に埋めたとするの

★1 日本銀行によると江戸時代の1両の価値は、初期で約10万円前後、中〜後期で4万〜6万円、幕末で約4000〜1万円。

がこの説だ。小栗は、ペリー来航（1853年）から江戸開城（1868年3〜4月）までのいわゆる幕末に、幕府の勘定奉行や軍事奉行など最重要ポストを務めていた。幕末の幕臣のなかでは一番のキレ者だったともいわれる。

小栗はペリー来航以来、外国の脅威をひしひしと感じていた。そこで、咸臨丸をはじめヨーロッパの最先端の軍艦を多数買い付け、さらに横須賀港に軍需工場としての製鉄所を設立して、いつでも戦えるように備えていた★2。そのように外国や諸藩の脅威からなんとか幕府を守り抜こうと奮闘する**小栗は、時の将軍慶喜との相性が良くなかった。**

江戸開城の数カ月前、幕府軍は鳥羽伏見の戦い（1868年1月3〜6日）で敗北し、慶喜は大阪から江戸に逃げ帰ってくる。その後、慶喜は新政府軍に「恭順」を示し、一切の抵抗を見せることなく、江戸城から上野の寛永寺大慈院へ身を移して謹慎生活に入ってしまう。つまり、慶喜は鳥羽伏見で負けて以降、自らイニシアチブを執ることを放棄したのだ。

小栗は、慶喜のこの態度に反発し、あくまで新政府軍と戦うべきだと主張した。だが徹底抗戦派の小栗は慶喜からけむたがられ、重要なポストから外されてしまう★3。

後の世の人々は、**「あの頭の切れる小栗がみすみす失職させられて**

★2 この横須賀製鉄所は、後の日露戦争の際にも大いに役に立った。日露戦争の功労者、東郷平八郎は「此度の海戦、最大の恩恵は横須賀」との言葉を残している。横須賀製鉄所で軍艦を建造してくれたおかげで、ロシアと戦えたことを感謝したのである。このエピソードからも、小栗の先見の明がわかるだろう。

★3 江戸開城に反対して罷免された後、新政府軍によって小栗は斬首された。享年40歳。ちなみに無血開城を演出した勝海舟は当時45歳、西郷隆盛は40歳で、30代〜40代の人たちが国を動かしていた。

終わるはずがない」と考えた。そこで出てきたのが、「自らの領地に近い群馬県の赤城山に幕府の金品を移管して隠したに違いない」という説。これが赤城山埋蔵説として、今でも多くの人に信じられている。

説2

東京湾沈没説

幕府が何百万両、何千万両もの金塊や貨幣を持っていたとすると、人力や馬車で移動させるのは簡単ではない。そこで出てきたのが、船を使って東北に運ぼうとしたという説だ。

江戸開城が迫るなか、東北ではまだ幕府軍と討幕派(後の新政府軍)との戦いが続いていた。戦いを維持するには軍資金や物資が必要になる。

仙台藩★4は、早丸《はやまる》という船に幕府の金蔵の一部(37万両とされる)と武器や弾薬を乗せ、東京湾から仙台に向けて出発した。ところが、**観音崎まで来たところで難破し、沈没してしまう。**

史実から、早丸が東京湾に沈んでいることは確かなのだが、この説には一つ弱点がある。江戸開城が1868年3月で、早丸が沈んだのが1869年の1月。つまり、10カ月間は江戸のどこかに金塊や貨幣を隠しておかなければならないことになる。うまく隠せる場所があったかどうか……。

★4
仙台藩は伊達政宗以来、廃藩置県で藩が消滅するまで伊達家が統治していた。徳川家に対しては外様大名であり、戊辰戦争では幕府軍と対立する。

郵便はがき

料金受取人払郵便

葛西局承認

2007

差出有効期間
2021年3月31日
まで（切手不要）

1 3 4 8 7 3 2

（受取人）
日本郵便　葛西郵便局私書箱第30号
日経ナショナル ジオグラフィック社
読者サービスセンター 行

お名前　フリガナ	年齢	性別 1.男 2.女
ご住所　フリガナ □□□-□□□□		
電話番号 （　　）	ご職業	
メールアドレス	@	

●ご記入いただいた住所やE-Mailアドレスなどに、DMやアンケートの送付、事務連絡を行う場合があります。このほか、「個人情報取得に関するご説明」(https://nng.nikkeibp.co.jp/nng/p8/)をお読みいただき、ご同意のうえ、ご返送ください。

お客様ご意見カード

このたびは、ご購入ありがとうございます。皆さまのご意見・ご感想を今後の商品企画の参考にさせていただきますので、お手数ですが、以下のアンケートにご回答くださいますようお願い申し上げます。(□は該当欄に✓を記入してください)

ご購入商品名　お手数ですが、お買い求めいただいた商品タイトルをご記入ください

■ **本商品を何で知りましたか**（複数選択可）

□ 書店　□ amazonなどのネット書店（　　　　　　　）
□「ナショナル ジオグラフィック日本版」の広告、チラシ
□ ナショナル ジオグラフィックのウェブサイト
□ FacebookやTwitterなど　□ その他（　　　　　　　）

■ **ご購入の動機は何ですか**（複数選択可）

□ テーマに興味があった　□ ナショナル ジオグラフィックの商品だから
□ プレゼント用に　□ その他（　　　　　　　）

■ **内容はいかがでしたか**（いずれか一つ）

□ たいへん満足　□ 満足　□ ふつう　□ 不満　□ たいへん不満

■ **本商品のご感想やご意見をご記入ください**

■ **商品として発売して欲しいテーマがありましたらご記入ください**

■ **「ナショナル ジオグラフィック日本版」をご存じですか**（いずれか一つ）

□ 定期購読中　□ 読んだことがある　□ 知っているが読んだことはない　□ 知らない

■ **ご感想を商品の広告等、PRに使わせていただいてもよろしいですか**（いずれか一つ）

□ 実名で可　□ 匿名で可（　　　　　　　）　□ 不可

ご協力ありがとうございました。

説3

江戸城内埋蔵説

江戸開城までの3カ月の間に、江戸城のどこかに隠すことができたとする説。例えば、内堀間の導水管の中に隠して、ほとぼりが冷めた後で掘り上げようとしていたと唱える説などがある。しかし、現在までのところ発掘調査ができないため、この説を裏づける有力な証拠は見つかっていない★5。

説4

開城までに散逸説

鳥羽伏見の戦いで幕府軍が負けてから、江戸開城までは3カ月あった。この間に財産をすべて使い果たしたとする説もある。

使い道の一つは、各地で戦闘が続いていたため、**軍事資金としてあちこちに送った**というもの★6。幕臣の近藤勇が甲府で新政府軍と戦う際に、軍資金を出したとも伝えられている。東北移管説もこの一部と見ることもできる。

もう一つは、**職を失う大奥の女中たちに退職金として配った**というもの。女中たちを取り仕切っていたのが、13代将軍家定の妻だった篤姫と、14代将軍家茂《いえもち》の妻だった和宮。薩摩藩から嫁いできた篤姫と、天皇家から嫁いできた和宮は犬猿の仲だったといわれているが、慶喜が恭順を示した1868

★5 江戸城の西の丸は現在の皇居。本丸、二ノ丸、三ノ丸は皇居東御苑。いずれも皇室ゆかりの地となっており、埋蔵金の発掘調査が進むとは考えにくい。

★6 江戸城は血を流すことなく新政府軍に引き渡されたが、その後も、榎本武揚らが降伏するまでのあいだ、関東から東北、北海道に至る各地で新政府軍と幕府軍による戦闘が繰り返されている。その過程で、白虎隊の悲劇の舞台となった会津戦争や、土方歳三が壮絶な最期を遂げた五稜郭の戦いなど多くのドラマが生まれた。

年2月末から密かに協力関係を結んで動いていたことがわかっている。

篤姫は新政府軍のトップにいた西郷隆盛に向けて、和宮は新政府軍の有栖川《ありすがわの》宮熾仁親王《みやたるひとしんのう》に向けて、それぞれ平和的な決着を要望する手紙を送るなどしている。西郷としては同じ郷里で、立場的に上位の篤姫の願いを無視することはできない★7。また、有栖川も元婚約者だった和宮の願いを聞き入れた。こうした動きを陰でサポートしたのが、勝海舟と山岡鉄舟だ。

要するに、江戸城の無血開城は既に下絵が完成しており、一種のセレモニーとして行われたものだった。とするならば、篤姫と和宮は冷静に行動することができた。自分たちに仕えてくれた1000人を超えるともいわれる女中衆に、心ばかりの退職金を渡すだけの時間と余裕は十分にあった。実際、女中一人につき何がしの退職金が支払われたといわれている。

これらが、軍事資金や退職金として「計画的に使い果たした」という説の根拠だ。もしかしたら、人間の本性を考えると**「開城のどさくさに紛れて、金目の物を持ち逃げした」**というケースもあったかもしれない。

★7
薩摩藩の下級武士だった西郷隆盛は、当時の大名島津斉彬に見いだされて活躍の場を得る。篤姫は、その斉彬の娘である。13代将軍徳川家定に嫁ぎ、御台所となる。家定の死後は天璋院を名乗った。

真実はどれだ!?

今でもテレビで取り上げられるほど人気の「徳川埋蔵金」。そもそも埋蔵金がどこかにあると言い出したのは、明治政府だった。財政難にあった明治政府は、てっきり江戸幕府が大金を残しているものと思い込み、当てにしていたのだ。ところが、開城してみると金目のものは何もなく、期待が外れる。それ以来、赤城山や江戸城跡などが怪しいとして、大捜索が始まった。

ちなみに、東京湾に沈んでいる早丸らしき船は、所有者が何人もかわってきたため、現在の所有者は不明な部分が多い。このため、引揚も厳しい状況である。

日露戦争の勝利、真の貢献者は？

歴史的大勝利の陰に4人の人物がいた。

日露戦争で日本を勝利に導いた天才が、少なくとも4人いる。1人めは、陸軍の騎兵隊で活躍した秋山好古《よしふる》。2人めは好古の実弟で、海軍参謀を務めた秋山真之《さねゆき》。3人めは、諜報活動で暗躍した陸軍の明石元二郎《もとじろう》。4人めは、日本銀行副総裁を務めた高橋是清《これきよ》だ。甲乙つけがたい逸材だが、ロシアの脅威から日本を守り切るのに最も貢献したのは誰だろう。

説1

秋山好古の陸軍騎兵連隊奮戦説

陸軍騎兵連隊が緒戦で奇跡的な勝利を収めた。そのことがその後の戦局を決めたとするのが、この説だ。

まず日露戦争が起こった経緯を見ていこう。1900年、中国で義和団の乱が起きた。当時、中国はアヘン戦争やアロー戦争、日清戦争などで負け続け、北京には多数の居留地が造られて、街に外国人があふれていた。これを排除しようとしたのが義和団の乱だ[★1]。

義和団は外国人を捕まえては暴力で痛めつけるなどの暴挙に出るだけでなく、さらには北京の居留地を占拠するに至った。この鎮圧のために、8カ国連合軍[★2]が組織された。連合軍は55日間かけて、北京の街を制圧したのだが、特に北京に地理的に近い日本とロシアの動員兵力が大きかった。

義和団の乱鎮圧後、8カ国は北京議定書という条約を結び、期限を設けて北京から撤退するとした。ところが、ロシアがこれを破り、期限を超えて駐留するばかりか、増員して遼東半島に侵攻する動きを見せた。

遼東半島は日清戦争で日本が勝利し手に入れたものの、フランス、ドイツ、ロシアの三国干渉を受けて、しぶしぶ中国に返還した因縁の地。日本軍としては、このまま黙ってロシアを放置するわけにはいかない。そうして1904年、日本とロシアが激突する。

日露戦争の開戦時、**日本とロシアの陸軍の全戦力比は、1対10**といわれていた。圧倒的に不利な状況にもかかわらず、好古はわずか3000程

★1
もともとは中国東部の山東省で、義和拳教を奉じていた宗教結社。彼らが1900年に「扶清滅洋（清国を助け、外国人を排除する）」を掲げて運動を展開したのが、義和団の乱。武術集団でもあった。

★2
オーストリア＝ハンガリー帝国、フランス、ドイツ、イタリア、日本、ロシア、イギリス、アメリカの8カ国。

度の騎兵連隊を率いて、黒溝台という要所を陥落させ、なんと7万のロシア軍をねじ伏せた。この奇跡的な勝利は、どうしてもたらされたのか。それは好古の騎兵隊が概念を覆すものだったから。

ロシアの騎兵隊コサックで使われる馬はサラブレッド。それに対して日本の騎兵隊が乗っていたのは、体格の劣る日本の在来馬★3だった。そのままぶつかったのでは日本は負けてしまう。好古は「騎兵隊」でありながら、あえて馬を降り、陣地を張って機関銃でコサックを迎え撃つという作戦を敢行したのだ。

説2

秋山真之の海軍日本海海戦大勝説

日本海海戦こそが勝利に導いたのだと考える説もある。ロシアはウラジオストクとバルチック、旅順の3カ所に艦隊を編成していたが、日本が持っていた艦隊は一つしかなかった。そこで旅順の艦隊を封じ込めるために、乃木希典《まれすけ》率いる陸軍が旅順を陸地から攻め込み、ロシア軍の要塞を陥落させて港を獲得する作戦に出たのだが、これはうまくいかなかった。

乃木の失敗を見ていた海軍の参謀、秋山真之は「旅順を落とす必要はない。港にいる艦隊を潰すだけでよい」と気づく。そして彼は、日本陸軍の攻撃目標を旅順からほど近い203高地★4に変更することを進言する。この作戦は見

★3 在来馬は北海道の道産子（どさんこ）や長野の木曽馬、宮崎の御崎馬（みさきうま）など8種が残っている。上野動物園などでも一部が飼育され、親しまれている。

★4 標高が203メートルだったことから、この名がついた。今はサクラの名所となっていて、春には多くの人が訪れる。

事に成功し、203高地占領後の砲撃によって、旅順の艦隊は無力化する★5。

さらに、バルチック艦隊を壊滅させた日本海海戦でも、真之の戦略が大当たりする。その作戦とは「東郷ターン」。東郷ターンは丁字戦法の一つで、ロシア艦隊の正面まで進み、手前でくるりと反転するというもの★6。**身を翻すことで真正面からの撃ち合いを回避し、大砲が並ぶ横方向からバルチック艦隊を砲撃**することができる。

さらに、真之の策定した「7段構え戦法」や、日本海軍が採用した高性能の「下瀬《しもせ》火薬」も重要であった。7段構え戦法は、夜間奇襲雷撃や昼間の連合艦隊での砲撃などを繰り返し、徐々に敵を追い詰めていくもの。下瀬火薬は、通常の火薬が黒い煙を上げるのに対して、白い煙を上げるため、敵の位置を見失わずに済む。

戦術、戦法、戦機を見極める能力をもった真之がいたからこそ、日本海軍は勝利できたというのが、この説だ。

説3

明石元二郎のロシア革命勢力支援説

戦争は軍隊同士がぶつかり合う戦闘だけで進められるものではない。日露戦争では、陰謀こそが大きく貢献したのだと考える説もある。

陸軍大佐だった明石元二郎は、開戦となるやストックホルムなどで秘密裏に

★5 半年ほど前に行われた黄海海戦などによって旅順の艦隊はもともと傷ついており、203高地の攻略がなくても戦闘できる状態にはなかったとの説もある。

★6 丁字戦法を採用しなかった可能性も指摘されている。

ロシアの革命勢力と接触し、ロシア内部から政権の崩壊をもくろんだ。当時のロシアには、後に起こるロシア第二次革命（1915年）につながっていく、反ロシア勢力が大きくなりつつあった。元二郎はロシア内外に数多いた革命派に、サボタージュなどさまざまな妨害工作などを依頼した。

その成果として起きたのが、ロシアの首都モスクワで起きたデモ行進だといわれている。国内情勢に不安材料を抱えたロシアは、日本との戦争に集中することができなくなった。元二郎の暗躍については、これまであまりスポットライトが当たる機会がなかったが、近年、再評価されている★7。

説4

高橋是清の国債募集拡大説

戦争を継続するには多額の資金が要る。難しい国際情勢のなかにあって、戦費の調達に成功した高橋是清こそが最大の功労者とする説もある。

政府は国債を発行して戦費の調達を図ったが、大国ロシアを敵に回しては勝算が薄いと見られていたこともあり、当初はなかなか売れなかった。そこで日本銀行の副総裁だった高橋是清★8は総計6回にわたり渡欧して、**ロシア国内で冷遇されているユダヤ人に目を付けてアプローチ**する。ユダヤの富裕層がこっそり国債を買い取ったことで、日本は戦争にまい進してゆく。

★7
元二郎は晩年、日清戦争の後に日本の領土となった台湾の総督も務めた。インフラの整備や教育の発展に努めるなど、台湾にも大きな足跡を残している。

★8
日露戦争時は日本銀行副総裁として活躍し、その後、第20代の内閣総理大臣に就任する。最期は、クーデターをもくろむ青年将校の銃弾に倒れた（二・二六事件）。

真実はどれだ!?

日露戦争で華々しい戦績を収めた日本軍だが、実は財政的にはギリギリだった。日露戦争最後の会戦となった奉天大会戦では、終了時に日本陸軍は1人当たり3発しか銃弾がなかったという。もう少しロシアの抵抗が続いて戦闘が長引けば、形勢は逆転していたに違いない。

日清戦争で疲弊していた日本軍が、10年後の日露戦争でも勝てたのは奇跡的なことだったのだ。ただし、連勝で気を良くした日本は、次の太平洋戦争で敗北を喫する。もし日露戦争の結果が違っていれば、日本は慎重になっていたかもしれず、太平洋戦争という選択肢を避けられたかもしれない。

日本の勝利に世界が驚いた。

諸説は諸説を呼ぶ!

Column 2

そもそも何者なのかがわからない

明智光秀が謀反を起こした理由についての諸説はよく取り沙汰される（64〜69ページ）が、じつはほかにも謎が多いミステリアスな武将である。

そもそも、前半生が謎だ。彼は美濃国（現在の岐阜県辺り）の出身で、美濃国などの守護を務めた土岐《とき》氏の分家の者だといわれているが、一次資料が少ない。確固たる証拠といえる史料が出てこず、光秀の出自はこれといって定まっていない。光秀を主人公とする『明智軍記』という軍記物が伝わっているが、著者が不明な上、光秀死後の作品なので史料価値としては疑問が残る。

織田信長が室町幕府を滅ぼしたころに『信長公記』に突如現れる光秀。その後の活躍や逸話は多くの人が知るところだが、実は父親も定かではなく、ルーツさえ不確定な人物なのだ。それどころか、本能寺の変の後も落ち延びて天台宗の僧侶になったという、トンデモ説などもある。フィクションで採用され一般にも知られるようになったこの説は、ロマンはあるが史実ではないとする研究者がほとんどだ。

圧倒的に不足している光秀の出自がわかる史料が見つかれば、それなりのニュースになることは間違いない。明智の人生に思いを馳せながら、今後の展開に期待したい。

3章
科学

物理・化学から生物まで、サイエンスの世界の諸説。

人魂の正体は?
近視の原因は?
人類が鉄を発見したきっかけは?
「つわり」はなぜ起こる?
ヒトの寿命は何歳まで延びる?

人魂の正体は？

世界中で目撃事例がある。

夜、空中を浮遊する火の玉、あるいは光の玉を、俗に人魂《ひとだま》という。かつては、「死人の魂」が燃えていると考えられていた。日本では『万葉集』にも人魂についての歌があるほど古くからこの現象は知られており、現在も目撃報告がある。また、世界中で同様の現象が目撃されていて、写真や映像にも記録されている。一見、真面目に科学で取り上げるようなテーマではないように感じるかもしれないが、この現象を科学的に説明しようと試みた説がいくつかある。

説1

人体に含まれている燐・硫黄の燃焼説

人魂の正体として日本で昔からいわれてきたのは、人体に含まれている燐《りん》★1

★1 燐はカルシウムの次に体内に多くあるミネラル。そもそも「燐」とい

が遺体から放出され、燃えているという説だ。また、同じく人体に含まれている硫黄《いおう》★2を人魂の正体だとする説もある。

DNAには燐が含まれており、アミノ酸には硫黄が含まれている。**どちらも人体から取り出した場合、かなりの量になる。**燐は白い色で燃え、硫黄は青白い色で燃える。イラストなどに描かれる人魂は青白いものが多いので、硫黄の方がイメージに近いかもしれない。

ただ、燐や硫黄が人体から分離するためには、遺体が地中に長時間埋まっていないといけないという条件がある。人魂というと、戦場で遺体が積み重なった上に浮かんでいるといった映像も思い浮かぶが、遺体が地面の上にある限り、燐や硫黄が原因の人魂は発生しないのだ。また、黄燐は空気に触れるだけですぐに燃えてしまうため、物質としてはかなり不安定である。

加えて、当然ながら、遺体を火葬にしてしまってはダメだ。土葬の習慣のある地域でのみ、燐や硫黄は遺体から地中を通って空気中に放出される可能性がある。

説2

死体が分解されたときに発生するメタンの燃焼説

同じ人体から漏れ出る物質のなかでも、燐や硫黄ではなく、メタンが燃えているのではないかという説もある。人体には、大量の炭素が含まれている。遺

う漢字には「墓場などで夜間に見える青白い光」や「鬼火」という意味がある。燐の単体には赤燐と黄燐がある。赤燐は無害だが、黄燐は毒性が強く、空気中で自然発火する。

★2
火山や温泉の近くで多く発生し、独特の臭いで知られているが、硫黄自体には臭いはない。臭うのは硫黄の化合物である硫化水素。

体が地表にあれば炭素は二酸化炭素になってしまうが、空気の少ない地中深くに埋まっている場合、メタンになる可能性がある。

人魂は、そのメタンがガスとして地表に出てきて燃えているというのが、この説だ。**メタンは火がつきやすく、静電気やたいまつなどの火が原因で燃えることは十分考えられる。**

人体以外でも、地中の石油や天然ガスからメタンが分離して、地表に噴出するのは、よくあることだ。日本でも、古代から新潟などでは石油が採れた。「臭水《くそうず》」といって、天皇に献上された記録も残されている。あるいは、千葉県にも天然ガス田がある★3。それらが人魂の原因だと考える人もいる。

説3

プラズマの発光説

既に原因のわかっている、別の現象で説明しようというのが、この説だ。西洋では昔から、帆船《はんせん》などのマストの先端が発光する「セントエルモの火」という現象が知られている。この現象の原因は現在でははっきりしており、**帯電しやすいマストに溜まっていた電子が、空気中やマストの金具などに流れる際のプラズマ★4の発光**だとされている。

簡単にいえば、冬の乾燥している日に人に触れたり、ドアノブを触ったりし

★3
メタンは日本書紀には668年、天智天皇に越の国（新潟）から燃える水を献上したという記事がある。また、油田から採掘される天然ガスの主成分でもある。

★4
オーロラは、太陽風というプラズマが原因で起こる現象。カーテンのように見える部分は、地球の磁気の影響で形が変わる。街中で見かけるネオンサインも原子をプラズマ状態にして光らせている。

たとき、バチっと静電気が流れる現象の巨大版のようなものである。これを人魂と見てしまったというわけである。

もっとも、日本で人魂といえば、お寺の墓などの上に漂っているイメージだろう。墓場にプラズマ発光を起こす帯電しやすいものがなければ、この説は成立しにくい。乾燥した木などがあれば、そこにセントエルモの火がつくのかもしれない。

説4

隕石の落下説

空中を激しく燃えながら横切る隕石の落下を、人魂と見間違えたのだとする説もある。2013年2月15日、ロシアのチェリャビンスク州に直径17mの隕石（小惑星）が落下した。上空を火の玉が横切る映像が市民などによって多数撮影され、日本のニュース番組でも頻繁に流されたので覚えている人も多いだろう★5。

隕石は、日本でも1年に10個くらい落ちてきている。隕石よりも小さい宇宙塵《じん》レベルだと、さらに数多く落下してきている。昔の人が、これらを人魂だと考えたとしても、おかしくはないかもしれない。ただ、古い絵などでは同時に何個も出現する形で人魂が描かれている。隕石が同時に複数落ちてくることは少ないので、その点がこの説の弱点だ。

★5 チェリャビンスク州に落下した隕石は、重量が6～10トンほどと考えられており、落下時の衝撃で建物の窓が割れたりドアが吹き飛んだりした。

説5

光の反射説

夕方、太陽が沈むときに海面との温度差があると大気が屈折して、空中に太陽が浮き上がって見えることがある。いわば、太陽の蜃気楼だ。この現象を見た人が不思議に思い、人魂と考えたとするのがこの説だ。

また、墓にある金属製の花入れに、夜の市街地の光が反射して人魂に見えることがある。もし夜の墓場を歩いていて、何か光が見えたら、これかもしれない。しかし、金属製の花入れが使われるようになったのは近代以降のことであり、昔はなかった。そのため、古い記録に描かれた人魂の正体は、これではないだろう。

説6

発光生物説

あまりにも単純だが、ホタルを見て人魂と考えたとするのがこの説だ。ホタルは生息地域が限られている昆虫だ。今ほど情報が行きわたっていない時代なら、ホタルがいない土地に生まれた人が、初めて見たらかなり驚くことだろう。

ホタル以外にも、**ウミホタルや夜光虫、キノコ、クラゲ、カタツムリ、ヤスデなど発光する生物は意外と多い。**それらが人魂とされたことはあり得るかもしれない。

真実はどれだ!?

人魂にもいろいろあるのかもしれない。長く燃えていたなら**説2**「メタンの燃焼説」に説得力があるし、一瞬だけパッと燃えたなら**説3**「プラズマの発光説」が候補に挙がるだろう。

とはいえ、土地がアスファルトとコンクリートに覆われるにつれ、また墓地が生活から遠い存在になっていくにつれ、人魂を目にする機会も減っていくのかもしれない。そして真実は永遠の闇の中に――。

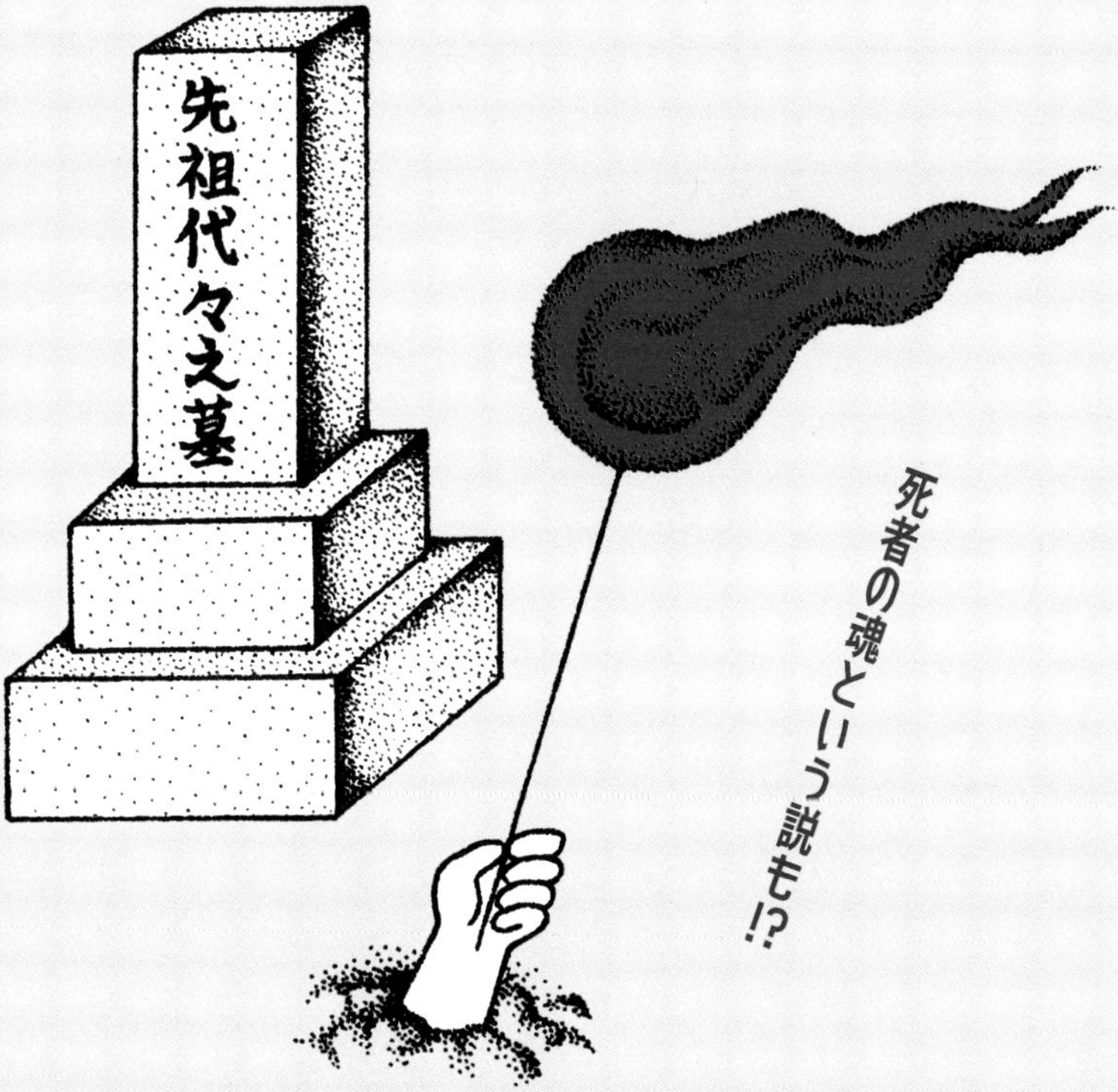

近視の原因は？

日本人の半数近くが悩まされている。

近視は近眼ともいい、遠くのものをはっきり見ることができない症状のこと。軽い近視では遠方が見にくいだけだが、その度合いが増すに連れて、はっきり見える距離が近くなっていく。日本人の約半数は近視であるとされており、文部科学省が2017年に実施した調査によれば、小学生の3分の1が近視であるという。これほど身近な身体症状でありながら、じつはその原因についてはさまざまな説が唱えられている。

説1

仮性近視説

目の焦点を合わせるときに使う筋肉の衰えによって、近視になるというのが

★1
正確には、外から来た光はまず角膜で屈折し、そのあと瞳孔で光の量を絞られ、続いて水晶体（レンズ）でも屈折し、さらに硝子体を通過してから、網膜で視細胞に感知される。

★2
網膜は光を感知すると、電気信号に変換して脳に伝える。ちなみに、ネコは網膜の後ろにタペタムという反射板を持っている。それが光を反射させて網膜に返すため、ヒトよりも少ない光でも行動できる。暗闇でネコの眼が光って見えるのは、タペタムのせいである。

この説だ。

　外から来た光は、角膜《かくまく》を通り、瞳孔《どうこう》、水晶体（レンズ）、硝子《ガラス》体を経て、網膜《もうまく》に届く★1。網膜の位置に正確に像の焦点が結ばれれば対象がはっきり見えるが、焦点の位置が網膜からずれてしまうと映る像がぼやけてしまう★2。焦点が網膜上にぴったり合っている状態を正視といい、網膜より前に焦点が結ばれてしまう状態を近視、後ろに結ばれてしまう状態を遠視という。

　焦点が結ばれる位置を調節するのが、レンズである。レンズには弾力性があり、近くのものを見るときには厚くなって、遠くのものを見るときには薄くなる。薄くなるのは、毛様体筋《もうようたいきん》という筋肉の働きでレンズが引っ張られるためだ★3。この毛様体筋が働きにくくなると、レンズはもとから持っている弾力によって厚くなってしまい、遠くのものがはっきり見えなくなってしまう。これが近視の状態である★4。

　近くのものばかり見ていると、毛様体筋が一時的に固まってしまい、レンズの調節ができなくなってしまうことがあるという。これが、仮性近視と呼ばれる状態だ。偽近視ともいう。

　この仮性近視が進むと本格的な近視になるというのが、仮性近視説である。だから仮性近視が疑われた場合は、長時間遠くを見ることで筋肉を回復させた

★3
パソコンやスマホを長時間使ったときや、老眼にもかかわらず無理して近くを見続けたときなどに目が疲れるのは、この毛様体筋が疲労しているから。目に蒸しタオルをあてたり、適度に目を休ませるなどして対処する。

★4
逆に水晶体（レンズ）の弾力性が年齢とともに失われることで、ピントを合わせる力が弱くなり、近くのものが見えづらくなるのが老眼。近視の人でも老眼になることはある。反対に、赤ちゃんの水晶体は丸くて柔らかい。

り、筋肉を弛緩させる働きのある点眼薬をつけたりすることで治療してきた。

だが、現在はそもそも仮性近視という状態が本当に存在するかどうかについて、研究者のあいだでも意見が分かれている。仮性近視が存在しないのなら、筋肉を弛緩させる点眼薬をつける治療には、あまり意味がなくなってしまう。実際、日本眼科医会のホームページでは、点眼薬について「あまり根拠のある治療法ではないので期待しない方がよいと思います」と、はっきり記されている。

説2

調節ラグ説

仮性近視説に代わって、近年登場してきたのが調節ラグ説である。これは、レンズの厚さの調整機能自体には問題がないが、眼球が前後に長くなることで網膜より前で焦点が結ばれてしまい、その結果、遠くのものが見えづらくなり、近視になるというものである。

角膜から網膜までの長さを眼軸長《がんじくちょう》という。いわば、眼の奥行きだ★5。生き物には、成長するにつれて眼軸長も伸びていくような仕組みがあると判明している。これは、人間も例外ではない。人間の眼軸長は生まれたときは短めになっており、網膜上にきちんとピントが合っていない。外から入ってきた光は、眼軸長が短いせいで網膜より後方で焦点を結んでしまう。つまり、遠視の状態で

★5
成人の日本人の平均は24ミリ程度といわれる。

ある。そのため、小さい子どもは遠視であることが多い。
しかし、成長するに従って眼球が大きくなり、少しずつ眼軸長が伸びていく。そして、ちょうど網膜上にきっちりピントが合った状態で安定すれば正視となる。ところが、眼軸長の伸びが止まらない人がいる。要するに、**成長のブレーキが利かずに、予定地点を行き過ぎてしまう**のだ。そうなると、眼軸長が長くなりすぎ、網膜より前で焦点が結ばれて近視になってしまう。

では、なぜ眼軸長の伸びが止まらなくなるのかというと、遺伝的な要因によって先天的に決まっているとされる。統計的に、両親とも近視だと子供も近視になる可能性が高いことが明らかになっている。近視に関連する遺伝子は複数特定されているため、遺伝的要因は否定できないのだ。

ただ、近くばかり見ていると眼軸長の伸びが助長されるので、できるだけ遠くを見るようにすれば遺伝的素因があっても近視にはなりにくいとする研究者もいる。

説3

軸外収差説

最近では調節ラグ説から派生した、軸外収差説《じくがいしゅうさ》というものも唱えられている。
これは、眼軸長が必要以上に伸びてしまうことで近視になるという点では調節ラグ説と同じだが、遺伝的な要因よりも、環境的な要因に重きを置いている。
カメラで遠くの景色を撮影したときは、全体がくっきりときれいに映る。だが、近くのものを絞りを絞って撮ると中心はくっきりと映るが周辺はぼやけてしまう。人間の眼も同じで、近くのものを見た際、中心にはピントが合うが、その周囲はぼやけて見える。眼にはこのような性質があるため、もし近くばかりを見ていると、脳が周辺にもピントを合わせようとして眼軸長を伸ばしてしまうという。それが、近視の原因になっているとするのが軸外収差説だ。

近視は都市部で進みやすく、戸外の活動が多いほど進みにくいことがわかっている。つまり、都市部でテレビやスマホなどを頻繁に見ている環境よりも、戸外で遠くを見ている環境にいる人のほうが近視になりにくいということだ★6。また、乳幼児期に暗い部屋で寝ていた子どもは成長しても近視になりにくいが、明るい照明の下で寝ていた子どもは近視になる確率が高いという研究報告もある。環境要因によって近視になるという説も否定できないのだ。

★6
遠くの景色を見つめることで、視力の低下を改善する「遠方凝視」というトレーニングがあり、これを実施している学校もある。

真実はどれだ!?

現在、**説1**の仮性近視説には否定的な研究者が多い。おそらく近視の原因は、**説3**の軸外収差説である可能性が高いとされている。

ただ、それだけでは説明できない近視もあり、角膜やレンズに原因がある可能性も完全には否定されていない。遺伝主因説と環境主因説については、どちらもあり、両方が複雑に絡み合って近視を引き起こしているのかもしれない。

面白いのは、どの原因であっても、近視の予防には遠くを見ることが効果的だとされていることだ。

近視まっしぐらな人。

人類が鉄を発見したきっかけは？

人類の文明の基盤を支える「鉄」の謎。

時に生産性の高い農具として、時に強力な武器として、鉄を利用することで人類の文明は大きく発展してきた。ある意味、鉄器時代は現代も続いており、さまざまな工業製品や、それらをつくる機械の材料として、鉄は私たちの暮らしに欠かせないものとなっている。だが、そんな鉄を人類はどのようなきっかけで発見したのだろうか。

説1

隕鉄説

宇宙から落ちてきた隕石の一種である隕鉄《いんてつ》（鉄隕石）を使ったのが、鉄と人類の出会いだったという説がある。

鉄は地球上ではありふれた元素だが、じつはそのままの状態では使えない。地球上の鉄鉱石は、酸素と結びついた酸化鉄★1の状態にある。これを金属として利用しようと思えば、いったん炭素（ないしは一酸化炭素）と酸素を結びつけて、鉄鉱石から酸素を取り除かなければならないのだ。この工程を還元という。

一方、**隕鉄は、酸素と結びついていない純粋な鉄（とニッケルの合金）であるため、還元する必要がなく、そのまま金属として利用できる。**隕鉄が酸化鉄でないのは、宇宙空間には酸素がないからだ。そこから、人類が鉄を利用するきっかけとなったのは、この隕鉄なのではないかという説が生まれた。

それを裏づける出土品がトルコで見つかっている。首都アンカラ郊外にある紀元前2300年頃の王墓で発見された世界最古の鉄剣をエックス線で詳しく成分分析したところ、原材料が隕鉄であることが判明した。最初に製鉄技術が普及し始めたのは紀元前2500年頃のアナトリア地域と考えられているが、アナトリアとは現在のトルコ共和国のアジア部分のことである★2。

また、紀元前3000年ごろの古代メソポタミアの都市ウルクの遺跡から鉄片が見つかっており★3、エジプトでもほぼ同時期の鉄の装飾品が見つかっている。それらはすべて隕鉄製だ。

★1
鉄が酸素と結び付くと酸化鉄になる。赤さびや黒さびが酸化鉄。赤さびは鉄を腐食させてぼろぼろにするが、黒さびは逆にコーティングのような役割をして赤さびを防ぐことがある。

★2
アナトリアに勃興した民族ヒッタイトは、鉄を武器にエジプトまで領土を拡大していった。

★3
鉄片が見つかった紀元前3000年からさらに3000年ほどさかのぼった場所から、最古の粘土版が発掘されている。

これらの事物は、金属としてすぐに利用できる隕鉄を発見したことが、人類が鉄を使うようになったきっかけであることを示唆している。そして、隕鉄も地上に落ちてから時間がたてば、次第に酸素と結びつき、酸化する。簡単にいえば、さびるのだ。それを見た古代の人々が、地球上に豊富にあるさびた鉄鉱石と隕鉄が同じ物質であることに気づき、製鉄が発展したとも考えられる。

ただ、隕鉄は隕石のなかでも数%程度の希少なものであり、海や砂漠ではなく、人の生活圏に落ちて発見される確率はあまり高くない。鉄利用のきっかけが隕鉄だとするならば、かなりの偶然に助けられたことは間違いない。

説2

たき火説

たき火によって偶然、鉄ができたというのが、この説だ。古代の人々にとって野外でのたき火は日常的なものだった。現生人類だけでなく、北京原人やネアンデルタール人の遺跡からもたき火の痕が見つかっている。

そのたき火を、たまたま地表に露出していた鉄鉱石の上で行い、**燃え残った炭をどかせた後に金属ができているのを見て、鉄を発見した**というわけだ。こちらも、**説1**と同じように偶然の助けが必要だが、地球にもともとある鉄鉱石が原料になるので、隕鉄を見つける偶然よりは確率が高いかもしれない。

しかし、この説にも弱点がある。それは、通常、たき火程度の火力では、鉄鉱石の酸素を取り除けないということだ。鉄より前から使われていた青銅は、たき火ぐらいの火力で還元が起こり、精錬[★4]することができるが、鉄は酸素欠乏状態になって一酸化炭素が発生しないと還元が起こらない。つまり、穴の中でたき火をするなど、よほど特殊な条件でないと鉄の発見にはつながらないのである。

たき火説に似たものに、山火事説というものもある。こちらも、たき火説と同じように、地表に鉄鉱石が露出している場所で山火事が起こり、火事が治まったあとに山に入った人が金属を発見したというものだ。しかし、こちらも還元が起こる条件の難しさは、たき火と変わらない。

説3

ベンガラ説

酸化鉄の一種である赤鉄鉱（赤色酸化鉄）の粉末、いわゆる赤さびからつくられた鉄が、最初だったという説がある。鉄を金属として使用するより、はるか以前から人類はこの赤さびを赤色顔料として利用していた。日本ではベンガラという名で呼ばれている[★5]。

ベンガラは着色力が強く、耐熱性、耐水性、耐光性、耐酸性、耐アルカリ性のいずれにも優れている上、人体にも無害なため、古代から世界各地で使われ

★4 鉱石から金属を取り出すことを「製錬」、金属から不純物を取り除いて純度の高い金属を取り出すことを「精錬」という。どちらも同じ「せいれん」だが、内容が違う。

★5 インドのベンガル地方から来たことから、この名前で呼ばれている。陶磁器の赤色顔料や日本画の岩絵の具など、幅広い用途で使われている。

てきた。約1万7000年前のものであるフランス南西部のラスコー洞窟やスペイン北部のアルタミラ洞窟★6の赤色壁画はベンガラで描かれているし、日本でもベンガラで彩色した縄文土器が発掘されている。

このように、**広く使われていたベンガラを、偶然、炉などに落としてしまったことで還元が起き、鉄の発見につながった**というのがベンガラ説である。ただ、こちらも還元が起きる条件の厳しさは、**説2**と同じだ。

説4

青銅精錬の発展

鉄を使い始める前、人類は金属としては青銅を利用していた★7。つまり、既に青銅精錬の技術は普及していたのである。それが発展して、鉄の利用につながっていったという説もある。

銅鉱石と鉄鉱石は同じところから産出しやすい。そのため、青銅を作るつもりで銅鉱石を入れた際に鉄鉱石が混ざってしまい、結果として銅よりも硬い金属が出来上がり、そこから鉄を発見したというのが、この説である。

もちろん、銅鉱石が還元する温度では鉄鉱石は還元できない。それゆえ、この説が正しいとすると、火力の調整の失敗や、火にくべている時間が長すぎたなど、なんらかの偶然があったはずだ。

★6 どちらも旧石器時代に描かれた壁画がある世界遺産。壁画の内容はウシ、ウマ、シカ、ヤギなどの動物が主で、赤や褐色の顔料で描かれている。ラスコー洞窟の壁画には人間や手形、幾何学模様などもある。

★7 青銅は銅とスズの合金。紀元前3500年頃から使われていたといわれる。青銅よりも鉄の方が硬くて安かったため、農業用の道具などには鉄が使われ、青銅は主に祭り用の道具に使われるようになっていく。

真実はどれだ!?

鉄を使うようになる前に、青銅は普通に使っていたのだから、自然と鉄も利用するようになったと考える人が多いかもしれない。だが、ここで立ちはだかるのが鉄鉱石から酸素を取り除く還元の問題である。

説2〜4は、その点が弱点となっている。青銅と鉄のあいだには、還元に必要な火力が異なるという大きな壁があるのだ。そうなると、非常に希少ではあるが、そのまますぐに金属として使える隕鉄説も捨てきれないのだ。

「つわり」はなぜ起こる？

こんなに身近なのに、よくわかっていない。

つわりとは、妊娠初期に起こる吐き気や嘔吐《おうと》のことである。これが起きることで、母体に胎児のためのスペースが開くとされているため、避けられないことであり、必要なことでもある。だが、本人にとっては辛いことも確かだ。一般的には胎盤が完成する妊娠3～5カ月目には治まるが、人によっては出産直前まで続く場合もある。つわりは、なぜ起こるのだろうか？

説1

自律神経の乱れ説

つわりの原因として考えられている説の一つは、自律神経の乱れによって起きるというものだ。自律神経には交感神経と副交感神経があり、この二つがバランス良く働くことで、恒常性が保たれる。人間は活動しているときは交感神経が高まり、休んでいるときは副交感神経が活発になる。妊娠中の女性はこれが乱れ、副交感神経が活発になりすぎてしまうという★1。

低血糖状態だと、副交感神経は活発になるとされている。妊娠するとデンプンの消化吸収がうまくいかなくなり、血糖値が上がりにくくなる。そのために、妊婦は副交感神経の活動が高まってしまうのだ。一般的に朝起きたときの血糖値は低いものだが、妊婦の場合、特にそれが顕著だ。そのため、つわりは朝が最も辛いという女性は多い。

また、風呂に入るのが好きだった人が、シャワーしか浴びられなくなることもある。40度くらいの湯船につかると、リラックスして副交感神経が優位になる。通常時ならば気持ちのいいものだが、**つわりの時期は必要以上に副交感神経が活発になってしまい、それを不快に感じる**のだ。

あるいは、妊娠すると緑茶が飲めなくなる人もいる。緑茶の成分が副交感神経を高めるためだ。紅茶は交感神経を高める効果があるため、妊娠中は紅茶を好むようになることもある★2。

昔は、つわりの原因は心理的なものとされた。現在、それが主要因とは考えられていないが、ストレスなどの心理的要因も自律神経を乱す原因となるので、

★1
自律神経は、当人の意志とは関係なく24時間働き続けている。妊婦でなくても、また男性であっても、自律神経の乱れが原因で体調を崩す人は多い。精神的・身体的なストレスや不規則な生活、もともとの体質など乱れの要因はさまざま。

★2
緑茶や紅茶にはカフェインが多く含まれる。カフェインが胎児の成長を妨げる可能性があるので、多量摂取は注意が必要。

まったく影響がないというわけではないかもしれない。

説2
イオンバランスが崩れる説

体内のイオンバランスが崩れるために、つわりが起きるという説もある。イオンは「電解質」ともいい、血液や体液に含まれるマグネシウムやカルシウム、ナトリウムなどのことで、人間にとって神経の伝達や筋肉をコントロールするために必須のものである。妊娠中はそのバランスが崩れてしまい、吐き気などのつわりの症状が現れるとも考えられるというのだ。

妊娠すると、胎児と胎盤★3を成長させるために母親の体内にあるマグネシウムがどんどん消費されていってしまう。その結果、つわりが起こるとされる。また、ストレスがあっても体内のマグネシウムは尿で排出されてしまう。そうなると、余計につわりは重くなる。

妊娠中はマグネシウムだけでなく、カルシウムのバランスも崩れてしまう。ただ、カルシウムのほうはマグネシウムとは違い、増えすぎてしまうのだ。妊娠すると、母体の血液にビタミンDが増加する。ビタミンDは、小腸からのカルシウムの吸収を増加させる効果がある。ビタミンDが増える理由は、胎児の骨を作るためだ。しかし、母体にとってはカルシウムが過剰な状態になっ

★3
子どもを産むときに胎盤をつくるのは、ほ乳類だけではない。ホホジロザメなどのサメの一部も胎盤をつくる。

てしまい、つわりの症状が起きてしまうというのだ。
それゆえ、妊娠すると牛乳が飲めなくなる人がいる。牛乳に含まれるカゼインというタンパク質に、カルシウムの吸収率を高める効果があるためである。同じ乳製品でも、アイスやチーズは食べられるという妊婦は多い。それらには脂肪分が多いため、カルシウムの吸収を妨げる効果があるからだと、この説では考える。

説3

ホルモンバランスの乱れ説

説3は、ホルモンバランスの乱れが原因とするものだ。ホルモンとは視床下部や下垂体、副腎皮質、甲状腺など、体内のさまざまな器官で生成される物質で、体のあらゆる機能の調節にかかわっている。大きくいえば、自律神経も体内のイオンバランスもホルモンによってコントロールされている。

妊娠すると、hCG（ヒト絨毛性ゴナドトロピン）というホルモンが胎盤から分泌される。hCGは甲状腺★4を刺激し、さらに、そこからいろいろなホルモンが分泌される。そのため、**hCGが多すぎると甲状腺ホルモンが過剰に分泌されてしまい、つわりの症状を引き起こす**と考えられているのだ。実際、hCGの数値が高い人ほど、つわりの症状が重いという研究もある。

★4
甲状腺は、のどぼとけの下側にある、体の新陳代謝を調節する甲状腺ホルモンを分泌する器官。このホルモンが過剰に分泌される病気をバセドウ病といい、30～40代の女性に多い。

また、妊娠中には卵巣から分泌されるエストロゲン（女性ホルモン）とプロゲステロン（黄体ホルモン）というホルモンが増加するが★4、前者が後者よりも多くなり過ぎると、つわりの症状が重くなるという。

エストロゲンには、嗅覚の感度を高める効果がある。そのため、このホルモンの値が高い妊婦は匂いに敏感になり、アンモニア臭などを嗅ぐと吐き気が起こるとされる★5。アンモニア臭は人体や炊きたてのご飯などにも含まれているため、妊娠すると人混みが苦手になったり、白米を食べられなくなったりすることもある。ちなみに、妊娠すると酸っぱいものが欲しくなるとよくいわれるが、これはアルカリ性のアンモニアを中和するため、酸性のものが欲しくなるからだとも考えられる。

説4

免疫による反応説

もう一つ、免疫による反応説もある。胎児は母体にとって、ある意味異物である。人間は体内に異物を感知すると、それに打ち勝とうとする免疫反応が起こる。その結果として、つわりが起きているとも考えられるのだ。

胎盤が完成すると症状が治まるのは、へその緒を通じて母体と胎児が直接血液をやり取りするようになるため、異物とは認識しなくなるためかもしれない。

★4 エストロゲンやプロゲステロンは妊娠や出産だけでなく、女性らしい体をつくることや肌や髪を美しく保つためにも欠かせないホルモン。更年期以降は急激に減少し、自力で増やすことが難しくなる。

★5 アンモニアはたんぱく質やアミノ酸が分解されるときに発生し、生物の体内でも生成されている。日本のくさややや韓国のホンオフェなど、発酵食品特有の強烈な刺激臭の要因になっている場合もある。

真実はどれだ!?

つわりに関しては、いまだにわかっていないことが多い。そもそも、人間特有の現象なのかもわかっていないのだ。

説1~**4**のどれも可能性はあり、また複数の原因によって引き起こされているとも考えられる。ただ、自律神経、イオンバランス、さらには免疫反応にしても、それらを究極的にコントロールしているのはホルモンである。そういう意味では**説3**が、最も妥当といえるかもしれない。

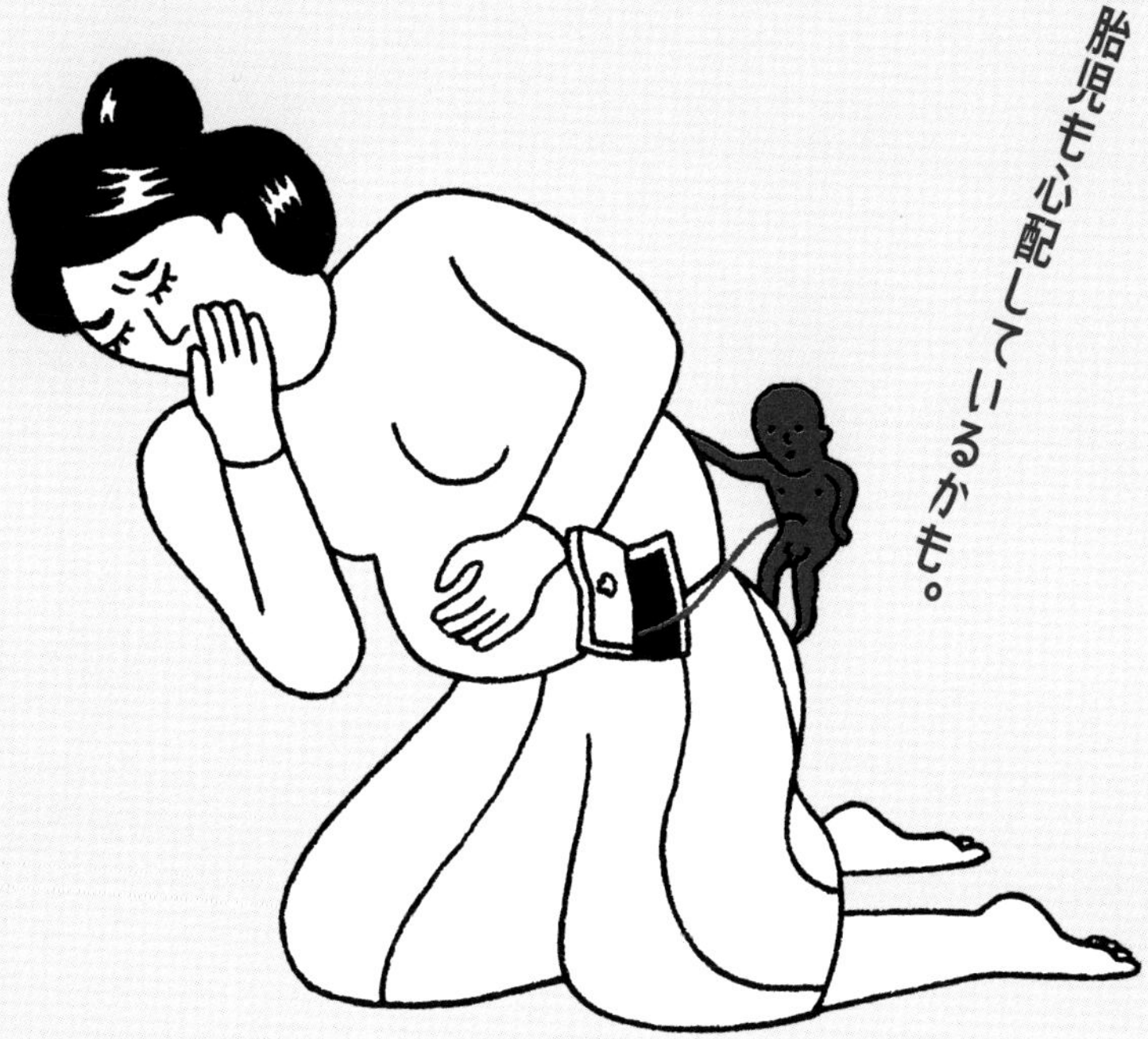

ヒトの寿命は何歳まで延びる？

昔から人々は「不老長寿」を夢見てきた。

古来、「不老長寿」や「永遠の命」は多くの人にとって見果てぬ夢だった。とくに栄華を極めた権力者のなかには、この夢に取りつかれて、インチキな薬を飲んだり、怪しげな魔術に頼って身を滅ぼしたりした者も少なくない。その後、栄養状態の改善や医学の進歩、生命工学の発展により、人間の平均寿命は飛躍的に伸びていった。果たして、私たちの寿命は何歳まで伸び得るのか。

説1

統計学的に115歳説

2016年にアメリカのアルバート・アインシュタイン医科大学の研究チームが、「人間の寿命の限界は115歳である」という論文を科学雑誌『ネイ

★1 『ネイチャー』に掲載された論文のなかには、ノーベル賞をはじめ世界的な賞を受章したものも多数ある。エックス線の発見やクローン羊のドリーもその一つ。

チャー』に発表した★1。これは人口統計学★2に基づいた研究で、論文では先進国の平均寿命、平均寿命の上昇率、最高齢者の年齢などを分析した結果、人間の寿命は115歳以上には伸びないという結論を出している。

人間の平均寿命は、栄養状態や衛生環境の改善、医学の進歩などにより、どんどん伸びてきた。例えば、江戸時代の日本人の平均寿命は40歳程だったが、2016年には84歳と倍以上になっている。ところが世界的には、**1980年以降、平均寿命の上昇率はほぼ横ばい**だという。もはや寿命の伸びは頭打ちになっているのではないかというのが、この説の肝である。

ただし、115歳というのは、純粋に数学的、統計学的な予測であり、生物学的、医学的に根拠のある数字ではない。生物としてのヒトの機能的限界を示すものではないし、医学上の画期的な発見などあれば、また大きく変わる可能性はあるかもしれない。

説2

現実的に122歳説

実際にその年齢まで生きた人がいれば、それをヒトの寿命の限界を見なそうというのが、この説だ。鹿児島県の徳之島で暮らしていた泉重千代《しげちよ》氏は、120歳まで生きたとされ★3、かつてギネスブックにも世界最高齢として登録されていた★4。

★2
人口統計学では、人口の増減や出生率、死亡率、余命、人口密度、地域間や国家間の移動動向などを研究する。

★3
江戸時代最後の元号である慶應元年生まれ。このころは戸籍の管理が現在よりも曖昧だったため、泉氏の本当の誕生年は15年遅いという説もある。本当に慶應元年生まれだとすると、泉氏が2歳のときに大政奉還が行われたということになる。

★4
現在、ギネスブックが認定する「存命中の世界最高齢」は、福岡市に住む女性、田中カ子（か

彼の没後に**ギネスブックを更新したのは、フランス人の女性ジャンヌ・カルマンの122歳164日という記録。**彼女は1875年に生まれたとされ、1997年に亡くなった。これらが事実なら、**説1**の人口統計学の結論を現実が大きく上回っていることになる。

ただ、彼らの年齢については複数の研究者によって疑問が出されている。ジャンヌ・カルマンの場合、正確な没年齢は99歳だという説もあり、戸籍の信ぴょう性に疑いが持たれている。ほかにも、超高齢を主張する人のなかには、出生時の戸籍が曖昧なケースが多い。2017年には146歳を主張していたインドネシアの男性が亡くなったが、こちらも戸籍は曖昧である。

もし、ジャンヌ・カルマンの122歳が事実だったとしても、これは例外中の例外なのかもしれない。先のアルベルト・アインシュタイン大学の研究チームは、125歳に到達する人が出てくる確率は、0・01％以下だとしている。

説3

生物学的に120歳説

人間、ならびに生物全般に寿命があるのは、細胞分裂の回数に限界があるためだ。これを、ヘイフリック限界★5という。ここからヒトの寿命の限界は120歳だとする説がある。

ね）さんで、1903年生まれ。作家の山本周五郎（1967年没）や版画家の棟方志功（1975年没）も、彼女と同じ年に生まれている。

★5
カリフォルニア大学やスタンフォード大学で教授を務めていたレオナルド・ヘイフリックらが、1961年に発見した。

生物種によってヘイフリック限界は決まっていて、ヒトの場合は50回、寿命に換算すると最大寿命は約１２０年となる。ちなみに、ウサギは20回で最大寿命は約10年、ラットは15回で約3年だ。

これに近い発想で、心臓の鼓動の回数に寿命の限界を求める説もある。１９９０年代前半に、生物学者の本川《もとかわ》達雄氏が書いた『ゾウの時間 ネズミの時間―サイズの生物学』（中公新書）という本がベストセラーになったことを覚えている人もいるだろう。そのなかに、どの動物も一生のあいだに心臓が鼓動する回数は約15億〜20億回で共通しているが、鼓動の速さの違いによって寿命の長短が決まっているという話があった。

ゾウもネズミも生涯の心臓の鼓動回数は同じだが、ゾウは3秒に1回鼓動しているのに対し、ネズミは０・１秒に1回鼓動している。そのため、ゾウは70年近く生きるが、ネズミは2〜3年しか生きないのだ。

そして、人間の心臓の鼓動の速度から導き出される寿命は26・3歳である。実際、縄文人の最高齢は31歳程度だったという推測値もある★6。生物としての人の寿命は、本来はそれぐらいなのかもしれない。それを、医学などの文明の力で無理やり伸ばしているのが現代人の平均寿命だと、この説では考える。

★6 縄文時代は1万年以上続いたといわれる。紀元前２３００年頃には、26万人ほどが日本に暮らしていた。原始時代としては高度な狩猟採集社会をつくり上げていた。

説4

生命工学的には無限大説

夢のような話だが、生命工学を駆使すればヒトは何歳まででも生きられるという説もある。**説3**で述べた細胞分裂の回数に限界があるのは、染色体の末端部にあるテロメアという構造が分裂をするたびに減ってしまうからだ。このテロメアが一定数以上減ると細胞はそれ以上分裂できなくなり、その結果、生物は死ぬこととなる★7。

しかし、1985年にアメリカの研究者がテロメアを修復させる酵素であるテロメラーゼを発見した。そして、生殖細胞・幹細胞・ガン細胞ではテロメラーゼが活性化していることが明らかになったのである。もし、すべての細胞でテロメセラーゼを活性化できれば、**理論上は無限に細胞分裂できることになる。**もっとも、これは現時点では不可能とされている。

別のアプローチとして、人工臓器や再生医療がある。幹細胞の仕組みを利用したiPS細胞（人工多能性幹細胞）★8で臓器をつくり、病気や怪我、老化などによって壊れた臓器と交換し続ければ、永遠に生きることも理屈上、不可能ではない。それでも最後に脳の問題が残る。iPS細胞でつくった脳があったとしても、そこに記憶を移せなければ「同じ個体が生きている」とはいえないからだ。

★7
ベニクラゲ研究の第一人者である京都大学の久保田信准教授は「テロメアは、細胞分裂の回数券のようなもの」と説明している。回数券を使い切り細胞分裂ができなくなると生物は死んでしまう。しかし、クラゲの仲間であるベニクラゲは、細胞分裂の回数制限をリセットして若返ることができるという。

★8
Induced Pluripotent Stem Cellsの頭文字をとってiPS細胞。ちなみに、最初のiが小文字なのは、2006年に世界で初めてiPS細胞を製作した京都大学の山中伸弥教授の「アップル社の商品iPodにあやかって世界に普及させたい」という願いが込められているから。

真実はどれだ!?

説1、**2**、**3**では、人間の寿命の限界は、おおむね120歳前後ということで共通している。自然状態の人間の寿命は30歳前後だが、栄養面、衛生面などが最高の環境にあり、適切な医療を受けられれば、120歳ぐらいまでは生きられると考えてよいのかもしれない。**説4**の生命工学になると、レベルが違ってくる。理論上は無限に生きられるかもしれないのだ。しかし、今度は「人間とは？」「自分とは？」「生きるとは？」といった哲学的問題に直面することになる。

世界最高齢を祝うバースデーケーキ。

諸説は諸説を呼ぶ!

Column 3

デリケートな問題は難しい

妊婦の5～8割が経験するといわれるつわり。3章で触れた通り、その原因はよくわかっていない（102～107ページ）。身体的要因や精神的要因、社会的要因によって起こる身体、気持ち、生活や文化の変化が、総合的に作用して起こると説明されることが多いようだ。

多くの妊婦が苦しんでいるのにもかかわらず、つわりの原因がなかなか解明されないのはなぜか。人によって症状の程度が一様ではなく、効果的な対処法も人それぞれだからだとされる。一日中吐き気が続く人もいれば、ほとんど症状がない人もいて、その程度は人によってバラバラだ。つわりは女性にしか起こらない現象なので、男性の研究者には感じとれない機微もあるのかもしれない。

加えて、つわりが起こる時期は赤ちゃんの体がつくられ始める時期だ。そのため、医薬品に対して慎重にならざるを得ないことも挙げられるかもしれない。このように、つわりの研究の背景には、性別の違いや生命の誕生というデリケートな問題がある。だが「つわりと流産には関係がある」といった研究もあり、少しずつ解明は進んでいる。

4章
生き物

ヒト、ゾウ、鳥……、生き物の生態にまつわる諸説。

ヒトが二足歩行を始めたきっかけは?
渡り鳥が目的地に行ける理由は?
ゾウが土を食べる理由は?
モズはなぜ「はやにえ」をするのか?

ヒトが二足歩行を始めたきっかけは？

直立二足歩行は生き物のなかでも特殊な形態である。

ヒトは直立二足歩行をするようになったことで、両手が自由になって道具を使うようになり、脳の容量が大きくなり、言語を獲得したといわれる。ほかの動物とヒトを大きく分けているのが直立二足歩行であり、ヒトは直立二足歩行を始めたたことでヒトになった。直立二足歩行では、脚と脊椎《せきつい》を垂直に立てて、両足で歩行する。現存する地球上の生物のなかで、このような歩行をするのはヒトだけである。鳥類やカンガルーは常時二足歩行しているし、クマやサルも必要に応じて二足歩行をするが、それらの動物は体を前傾させており、直立ではない。一方、レッサーパンダやミーアキャットは垂直に立つこともあるが、その姿勢で歩行することはない。ペンギンは一見、直立二足歩行をしているように見えるが、実際には椅子に座ったときのように膝を曲げた状態で歩いてい

★1 無理やり脚を伸ばすと脱臼するのは動物だけではない。人間の赤ちゃんも股関節を脱臼しやすい。赤ちゃんは関節が柔らかく、脚がM字に曲がった状態が正常のため、無理やりまっすぐ伸ばすと脱臼するのだ。特に痛がることも

る。もし、ほかの動物を無理やり直立二足歩行させようとすれば、骨盤と大腿骨の関節部（股関節）が脱臼《だっきゅう》★1してしまう。それほど、ヒトの直立二足歩行は特殊な形態なのである。そんなヒトだけが持つ独自の形態が、どのようなきっかけで獲得されたのか。いまだ定説は定まっていない。諸説を見ていこう。

説1

遠くまで見通せるように説

ヒトがどうして直立二足歩行をするようになったかについての説の一つは、「遠くまで見渡せるようにするため」というものだ。ヒトの遠い祖先である類人猿★2は樹上生活をしていたが、約600万年前頃にアフリカに暮らしていた人類の祖先である猿人★3は、平地のサバンナで直立して暮らすようになり、約300万年前には完全な直立二足歩行になったとされている。

なぜ、平地のサバンナで暮らすようになったかについては、寒冷化や乾燥化によって森林が減少したためといわれている。森とは違って遮るもののない平地では、肉食動物に襲われる危険性が増す。そこでいち早く敵を発見しようと、立って遠くを見渡すために直立二足歩行をするようになったというわけだ。その際、**樹上生活で培っていた関節の柔らかさが、直立二足歩行の**

ないので、脚の状態を意識することが必要だ。

★2
類人猿のなかでもチンパンジーはヒトとDNAの差が1～4％しかないといわれており、訓練すると簡単な言語を理解できるようになる。京都大学の霊長類研究所にいるアイというチンパンジーは、図形を使った特殊な文字と数字で、物の名前や数、色などを表現できる。

★3
猿人の脳の体積は、人よりもかなり小さかったと考えられている。アウストラロピテクスが有名だが、生物学的には「猿人」の厳密な定義はない。

獲得に役立った。

説得力のある説だが、この説にはいくつかの弱点がある。まず、森林の減少により、樹上生活から平地の生活に移った動物はほかにもいたはずなのに、なぜヒトの祖先だけが直立二足歩行をするようになったのかということだ。例えばヒトと同じ霊長目のヒヒ★4は、サバンナや岩場で暮らしているが四足歩行である。

さらに、そもそも約600万年前ごろのアフリカが寒冷化・乾燥化し、森林が減少したということ自体、最新の古気象学から疑問が出ている。もし森林の減少がなかったとしたら、この説の前提が崩れてしまう。

説2

水に入るようになったから説

人類の祖先はある時期、水中で暮らしていたから直立二足歩行になったという説もある。1960年に海洋学者のアリスター・ハーディ★5が唱えたものだ。これは、水生類人猿説とも呼ばれている。

この説によると、人類の祖先は寒冷化や乾燥化により森林が減り、**食べ物が少なくなると、平地を越えて、食料が豊富な海の中で暮らすようになった**という。そして、水中は浮力があるため立つ姿勢を取りやすく、そこから直立二足歩行になったというのだ。

★4 古代エジプトでは、ヒヒは神の使いとして大切に扱われていた。ヒヒを飼育し、最終的にミイラにしていたことがわかっている。現在エジプトではヒヒは絶滅している。

★5 ハーディが海洋生物学者だったため、この説を発表したとき古人類学者から白い目で見られたという。水生類人猿説は、イギリスの脚本家であるエレイン・モーガンが『女の由来』という著作で言及したことで、一般に広まった。

水生類人猿説の大きな論拠となっているのは、500万年以上前の人類化石がほとんど発見されていないことである。初期人類化石には空白期間があるのだ。そして、それは海中で暮らしていたから化石が残らなかったのだと、水生類人猿説を唱える人たちは主張する。また、この説ではクジラやイルカなどの水生哺乳類に体毛がないように、ヒトも水中生活によって体毛が薄くなったとしており、体毛が薄いことが水生生活を送っていた証拠だともしている。

だが、この説はよく考えると、おかしいところが数多くある。まず、水生生活をするようになったのなら、直立二足歩行ではなく、それこそイルカやクジラのように、もっと泳ぎやすいほうに形態は変化していったのではないか、ということがある。

次に、イルカやクジラには確かに体毛がないが、アザラシやカピバラ、カワウソなどの水生哺乳類は全身に毛が生えている。体毛の有無と水生生活には、直接の関係があるかどうかはわかっていないのだ。

さらに21世紀に入ってから、500万年以上前に陸地だった場所で人類化石が複数発見されている。これらのことから、現在、水生類人猿説を信じている人はほとんどいない。

説3

運搬説

近年、注目されているのが、大量の物を運ぶために直立二足歩行になったとする運搬説だ。当然ながら四足歩行よりも二足歩行のほうが手を自由に使えるために大量の物を運びやすい。そして、前かがみの姿勢で手に物を持って運ぶより、直立して運ぶほうが楽である。そこから、ヒトはだんだんと直立二足歩行になっていたというのが、この説である。

どうして大量の物を運ぶ必要があったのかについてはさらに諸説があるが、その一つは**オスがメスに気に入ってもらうために、出来るだけ多くの食べ物を持って行ったと**いう「プレゼント仮説」だ。直立二足歩行が得意なオスは、ほかのオスよりも大量の食物をメスに贈ることができ、その結果淘汰が進んで、直立二足歩行が定着したということである。

また単純に、少ない食料資源を効率よく獲得するために直立二足歩行になったとも考えられている。実際、チンパンジーも食料が少ないときは、立ち上がって二足歩行になり、限りある食料資源を仲間に取られないために手を使って独占しようとする。ただ、チンパンジーは普段は四足歩行であり、なぜヒトだけが完全な直立二足歩行になったのかはわかっていない。

真実はどれだ!?

説2の「水に入るようになったから説」は、現代ではあまり真面目に取り上げられていない。となると、残るのは**説1**か**説3**だ。どちらの説も説得力があるが、現時点では**説1**の「遠くまで見通せるように説」を支持する研究者が多いようである。だが最近出てきた「運搬説」を指示する人も増えているため、今後どちらが主力となっていくかはわからない。

ただ、**説1**にしろ**説3**にしろ、ヒトだけが直立二足歩行になった理由は説明しきれていない。

野生を呼び覚ます、
四足歩行トレーニング。

渡り鳥が目的地に行ける理由は？

数万キロメートルを迷わず飛ぶ鳥もいる。

季節に合わせて周期的に生息地を移動する「渡り」は、哺乳類、爬虫《はちゅう》類、両生類、昆虫などさまざまな生き物に見られる習性だが、なかでも鳥の渡りの移動距離は圧倒的だ。シロハラアマツバメ★1は200日間休まず飛び続けてヨーロッパとアフリカ西部を行き来しているし、オオソリハシシギは繁殖地のアラスンから赤道を越えてオーストラリア東部やニュージーランドまでの1万2000キロメートルを、約1週間かけて渡る。さらにすさまじいのが、キョクアジサシ★2だ。この鳥は、夏場は北極圏で繁殖し、北極の寒さが厳しくなってくると、北半球とは反対に夏を迎えている南半球の南極まで飛行する。その総移動距離は往復で最長8万キロメートルにも及ぶ。また、アネハヅル★3は地球上で最も標高の高いヒマラヤ山脈を越えて渡りを行なっている。地図を持っているわけではな

★1
飛ぶことに特化した体の作りをしていて、翼が細長い。地面に降り立つと地面に引きずるほど。ちなみに、シロハラアマツバメの飛行日数記録を更新したのがヨーロッパアマツバメで、10カ月飛び続けたという観測データがある。

★2
北極と南極を行き来するキョクアジサシの寿命は30年を超えるので、一生のうちの移動距離は約240万キロに及ぶ。これは、月と地球を3往復するほどの距離だ。

★3
シベリアやチベットの草原で繁殖し、秋になるとインドへ向かう。山

い渡り鳥たちは、どうやって道に迷わずに目的地にたどり着いているのだろうか。

説1

太陽を見ている説

空を見て目的地への道をたどるというのが、この説だ。渡り鳥には、昼間に渡りを行うものと夜間に渡りを行うものの2種類がいる。ツルやハクチョウなどの大型の鳥は明るいうちに渡りを行い、ツバメの仲間などの小鳥の多くは暗いうちに移動していくとされる。小鳥が夜に渡りをするのは、他の鳥に襲われる危険を避けるためだろう。

このうち昼に渡りを行う鳥たちは、太陽を目印にして方向を定めているとされる。これを裏づける実験がある。ハトやカモを一羽ずつ放し、飛んで行った方向を記録したところ、**晴天の時は一定の方向に飛んだが、曇天の時は方向が定まらない**という結果が出た。つまり、鳥たちは太陽を見て方角を定めているということになる。

どのようにして太陽で方角を定めているかについては、次のように説明されている。まず、太陽弧と地平線との角度は北へ行くに従って小さくなり、赤道までは南へ行くに従って大きくなる。そこで昼間渡りを行う鳥は、太陽の位置と

の谷間を吹き荒れる上昇気流にうまく乗って山脈を越えていくため、山岳民族の間では「風の鳥」と呼ばれている。

自分の位置の記憶を比較し、その角度の差によって緯度を知るのだという。

説2

星を見ている説

夜に渡りを行う鳥は太陽が見えないので、**説1**とは異なる目印が必要だ。太陽の代わりとなるのものとして、星を挙げるのが**説2**である。

こちらも裏づけとなるような実験がある。1975年にアメリカで、ルリノジコをプラネタリウムに放ってみた。するとルリノジコ★4は、**北極星を中心に約35度以内の北の星座を頼りに、方向を定めて飛んだ。**それ以前に行われたノドジロやコノドジロの実験でも、同様の結果が出ているという。

要するに、夜空に浮かぶ特定の星座のパターンを記憶して、それを目印に渡っているというわけだ。この説を補強するように、夜に渡りを行なう鳥たちが、曇ったときや流星が発生したときは方向を見失い、戸惑う姿も確認されている。

説3

地形を記憶している説

空ではなく、地上を見ているのだという説もある。渡り鳥は毎年同じ場所に飛来するが、そのようなピンポイントのゴールに到着するには、太陽や星の位置だけでは心許ないだろう。そこで、渡り鳥たちが最終ゴールにたどり着く際

★4 名前の通り、青色の羽根をもつ鳥。プラネタリウムの実験のほかに、一切星を見せずに育てたルリノジコは渡りができなかったという実験もある。

には、地形を頼りにしているというわけだ。

目印にするのは、山脈の影や川や海岸線などの特徴ある線。観察により、ある程度は確認されているとする研究者もいる。地形を目印にするためには、その形を記憶しておかなければならないが、**鳥は種類にもよるが高い記憶力を持っている**とされる。九官鳥やオウムが人間の言葉を覚えることは広く知られているし、カラスも人間の顔を識別して記憶するという。同様に地形を記憶しているとしても、不思議はないかもしれない。

説4

地磁気を感じている説

目に頼るのではなく、人間にはない特別な器官を使って地磁気を感じ、方向を定めているとする説もある。よく知られているように、地球は北極がＳ極、南極がＮ極の巨大な磁石になっている。人間はコンパスがないと磁極を利用することができないが、渡り鳥は**目の中にある特別なタンパク質を使って磁場を感知し、それによって方角を定める**ことができるというわけだ。

ヨーロッパコマドリとキンカチョウの研究では、目から「Ｃｒｙ4」という体内時計を調節するたんぱく質の一種が見つかった。Ｃｒｙ4は青色光受容体という光を刺激として受容する化合物の一種であり、これらの鳥はその

Ｃｒｙ４によって地球の磁場を視覚化しているらしい。別の言い方をすれば、鳥は地磁気を光として見ているということだ。

地球の磁場を見ることができる能力は、磁気受容と呼ばれている。さらに、ヨーロッパコマドリでは、渡りの時期になるとＣｒｙ４が増えることも確認されている★5。

地磁気は太陽や星とは違い、気象条件に左右されない。渡り鳥たちが正確に長距離を移動することができるのは、この「体内コンパス」を頼りにしているからなのかもしれない。

★5 微弱な電磁波が発生している場所で、ヨーロッパコマドリが向かうべき方向を見失ったという実験がある。

真実はどれだ!?

どの説にも説得力のある根拠がある。そもそも、すべての鳥が同じ仕組みで方向を定めているかどうかもよくわかっておらず、鳥によって異なる能力を使っていたり、あるいは同じ鳥でも複数の能力を組み合わせて使っている可能性もある。

詳しい研究が進んでこなかったのは、渡り鳥の移動を人間が継続的に追うことができなかったこともある。近年は超小型のGPSも開発されていて、渡り鳥の研究も急速に進んでいる。謎が解かれるのは、そう遠くない将来のことかもしれない。

ゾウが土を食べる理由は？

土は体に悪そうで悪くない。

陸上で暮らす哺乳類としては最も大きいゾウは草食動物であり、普段は、その巨体を維持するために1日に約200～300キログラムもの草や葉、枝や樹皮、果実などを食べている。しかし、ときにそうした植物ではなく、地面の土を食べることが野生でも動物園でも観察されている。土にはあまり栄養などなさそうに思われるし、それどころか食べたら体に悪いようにも感じられる。この謎の行動には、どのような意味があるのだろう。

説1

ナトリウムなどのミネラル補給説

最も有力視されている説は、不足しているミネラルを補給するためというものだ。ミネラルとは、カルシウム、ナトリウム、亜鉛などを含む無機質の総称で、たんぱく質、脂質、炭水化物、ビタミンと並び五大栄養素の一つとして数えられている。生物の発育や代謝、生理作用をコントロールする働きがあり、さらに細胞のバランスを維持し、神経や筋肉機能を正しく保つためにも生物には必須のものだ。

だが、この重要な栄養素は動物の体内で合成することができない。草食動物は植物から摂取し、肉食動物はその草食動物を食べることで摂取している。そして、**一部の土にはそのミネラルが豊富に含まれている**のだ。

ゾウが生息する環境には雨季と乾季があり、乾季には食べられる植物が減ってしまう。そこで、不足したミネラル分を補給するために土を食べるのだというのがこの説である。とくに不足しがちなナトリウムを補給するために土を常食している可能性も指摘されている。アフリカのウガンダとケニア国境にまたがるエルゴン山の森に住むゾウが、通常の百倍の塩分（ナトリウム）を含む洞窟★1の壁の土を削り取って食べている姿が観察されている。

さらに、妊娠中や授乳中のメスのゾウのほうが、よく土を食べるという観察結果もある。妊娠や授乳によって体内のカルシウムやナトリウムが減るため、それらを補っているのかもしれない。

★1 ゾウが土を食べにくるキタム洞窟は、観光地にもなっている。ただし、治安が悪い時期があったり、近辺で出血性感染症の患者が出たりしたこともあるため、訪れる際は注意が必要。

ところで、じつは人間のなかにも土を食べる人たちがいる。土食《どしょく》と呼ばれる文化や風習が世界中に残されている★2。そして、その多くが妊娠と関係が深いとされている。例えば、タンザニアでは若い女性が土を食べ始めると、妊娠の兆候として喜ばれるという。あるいは日本でも、妊娠した女性が土壁をかじったり、地面の土を食べたがったりしたという事例が古くからいくつも伝えられている。

ちなみに動物園で飼育されているゾウは土を食べすぎて、よく便秘になるという。動物園で与えているエサは栄養のバランスが十分に考慮されていて、そもそもミネラルが不足する状況にはない★3。これは、飼育下でのストレスが引き起こす異常行動かもしれないし、あるいは既にゾウにとって土食は栄養を補うためではなく習慣化されたものになっているのかもしれない。

説2

タンニンなどの毒物吸着説

ゾウはミネラルを補給するために土を食べているという説には説得力があり、最も有力視されているが、それ以外の説がないわけではない。先にも解説したように、ミネラルが不足しているとは考えられない動物園のゾウも土を食べるのだ。別の説として、ゾウは植物に含まれるタンニン★4やアルカロイド★5など

★2
世界各地に土を食べる文化がある。一部のアイヌ民族は、珪藻土（けいそうど）を調味料のように使って料理していた。北米先住民のなかにも、癒しのために土を食べる人たちがいる。ほかにも、アフリカや東南アジアで土を使った料理や土そのものを食べていたという記録が残っている。また現在、大手通販サイトでは食べられる土が売られている。

★3
動物園では、草のほかにサツマイモなどのイモ類やリンゴなどの果物を与えて栄養管理をしている。

の毒物を排出するために土を食べているのだというものがある。

タンニンは多くの植物に含まれている水溶性化合物の総称で、私たちが普段口にしているお茶やワインにも含まれている。粘膜の保護作用や炎症抑制作用があり、また抗酸化作用があるため、がん、高血圧、心臓病、動脈硬化の予防効果もあるとされている。だが、たんぱく質の変性作用や栄養価低下作用もあるとされていて、大量に取りすぎると毒になってしまう。

アルカロイドもさまざまな植物に含まれている有機化合物だが、多くの生物にとって有毒である。ほとんどのアルカロイドには苦味があり、植物は動物に食べられないようにするため、これらの苦味物質（多くは有毒）を生産する能力を進化によって獲得したと考えられている。

ゾウは毎日大量に植物を食べるため、どうしてもタンニンやアルカロイドも、かなりの量を体に入れることになってしまう。そこで、土を食べることで、それらの**有毒物質を腸内で土に付着させ、体外に便と一緒に排出しているというわけだ。**

説3

胃腸障害の改善説

ゾウは、胃腸障害の改善のために土を食べるのだという説もある。いわば、

★4 タンニンには防腐作用があり、日本では江戸時代の本草学者が死に際に柿の種子を大量に食べることでミイラになった例がある。近年の研究で、胃の中にあるタンニンが死後も作用していたため、体が腐らなかったのだとわかった。

★5 ケシの実から採れるモルヒネもアルカロイドの一種。モルヒネは鎮痛剤であると同時に、依存性の強い麻薬でもある。また、ヒキガエルからとれる毒もアルカロイド。中国では、これを乾かして生薬にしている。

整腸剤として食べているということだ。

ある種の土のなかには、カオリナイト（高陵石）★6という物質が含まれている。カオリナイトは、陶磁器の生産地として知られる中国の景徳鎮でつくられる磁器の材料としても有名だが、**下剤としての効果もあり、多くの便秘改善薬に含まれている。**そして、ゾウではないが、チンパンジーがマラリア原虫を殺す成分を含む植物を食べる際、カオリナイトを含む土を一緒に食べる姿が観察されているのだ。植物でマラリア原虫を殺し、下剤を飲んで、すぐに排出してしまうということかもしれない。

一方で、カオリナイトには下痢《げり》止めの作用もあるとされる。こちらもチンパンジーの例だが、下痢をしているチンパンジーはカオリナイトが含まれた蟻塚を好んで食べるという。これらの効能をゾウも知っていて、土を食べているのかもしれない。

★6
日本では、岡山県の三石や広島県の勝光山などでカオリナイトが産出される。

真実はどれだ!?

土を食べるというと一見異常な行動のようだが、土を食べる動物はほかにもいる。オウム、ウシ、コウモリ、ネズミ、チンパンジー、ニホンザル、キツネザルなどがそうだ。

土には栄養がないと思われがちだが、実際には豊富なミネラルを含み、ときに解毒剤となり、ときには下痢止めになる有用なものである。ゾウが土を食べる行為は、その土の持つ有用性を最大限活用しているとも考えられる。

つまり、**説1**、**説2**、**説3**の、どれか一つではなく、すべてが正しい可能性もあるのだ。

実は栄養が豊富!

モズはなぜ「はやにえ」をするのか？

捕えたエサを木の枝に突き刺す不思議な習性。

雑食の鳥モズ★1には、捕らえた獲物を木の枝に突き刺したり、木の股に挟んだりする不思議な習性がある。木の枝に突き刺すのは、昆虫、節足動物、両生類、小型の爬虫《はちゅう》類、小鳥など多岐にわたる。ほかの鳥にはほとんど見られないこの習性は「モズのはやにえ」として知られている。「はやにえ」は漢字で「早贄」あるいは「速贄」と書く。「贄」とは「生《い》け贄《にえ》」のことである。モズが秋になって初めて狩った獲物を生け贄として捧げているという言い伝えからこの言葉が生まれたが、本当の理由については諸説がある。

説1

餌を保存しておく説

★1 漢字で書くと「百舌」。ほかの鳥の鳴きまねが得意で、「百の舌を持つ」といわれたことが由来。秋になると縄張りを主張するためによく鳴いているので、声をたよりに探すと見つけられるかもしれない。

一つ目の説は「餌を保存しておくため」だ。獲物が減る厳しい冬を乗り切るために、保存食として枝に突き刺しておくということである。実際、「はやにえ」は**秋から冬にかけて多く見られる行動**である。

ただ、この説には弱点も多い。まず「はやにえ」は確かに秋から冬にかけて多く見られるものの、食べ物の多いはずの春や夏にも観察される行動である。

加えて、保存食ならばもっと目立たないところに隠しておいたほうがいいはずだ。カラス科やキツツキ科、シジュウカラ科★2の鳥のなかには、冬を越すために秋に大量の食物を集め、貯食しておくものがいる。それらの鳥は食べ物を木の割れ目や土の中など、ほかの鳥に見つかりづらい場所に隠しておくのだ。貴重な食料を堂々と木の枝に刺してほかの鳥の目に触れさせるのは、貯食としてはあまり効率的とはいえないだろう。

説2

なわばり説

目立つ場所に食べ物を突き刺しておくのは、**わざとほかのモズに見せつけることで自分のなわばりを主張している**からだという説もある。

確かに、内臓を引き裂かれたカエルの頭部などが木の枝に突き刺さっている光景は、かなりショッキングだ。

★2
シジュウカラはモズと同じく雑食で、木の実や虫の幼虫などあらゆるものを食べる。スズメくらいの大きさの鳥。漢字で書くと「四十雀」。

しかし、この説にも弱点がある。縄張りを主張するのであれば、なわばりの境界線付近で「はやにえ」を行うのが妥当だと考えられるが、そのような場所で「はやにえ」が多いという観察報告が今のところ存在しない。

また、こうした光景をショッキングだと感じるのは人間の感性であって、ほかのモズにとっては、たんに食べ物にしか見えないかもしれない。威嚇《いかく》行為になるどころか、食べ物を狙うほかのモズを引き寄せる結果にしかならないとの見方もある。

説3

固定して食べやすくする説

枝に突き刺すのは、エサを食べやすくするためだという説もある。焼き鳥のように串に突き刺さっていると食べやすいというのは、いかにも人間的解釈のようだが、これはモズの体の構造上、理由のある説なのだ。

モズは猛禽類《もうきん》★3などと違い、脚の力がそれほど強くない。そのため、大型のエサを脚で押さえ、くちばしで切り裂くということができない。そこで、**脚で押さえる代わりに枝に刺して固定し、くちばしで引き裂いているとも考えられる**のだ。いわば、枝がフォークであり、くちばしがナイフである。人間もナイフだけで食べるよりは、フォークで固定してナイフで切った

★3 ワシ、タカ、フクロウなどの猛禽類は鋭い爪とくちばしを持ち、ほかの動物を捕食する。これらの鳥は脚力があり、ウサギやニワトリなど中型の生き物を狩ることができる。イヌワシなどの大型の猛禽類が、シカやヤギを獲物にした姿も確認されている。

ほうが食べやすいだろう。

だが、この説にも弱点がある。それは、モズが両生類や爬虫類など丸のみにできない大型のエサだけを「はやにえ」にしているのではなく、簡単にのみ込める昆虫なども同じように枝に突き刺しているということである。食べやすくするためという理由なら、昆虫を「はやにえ」にする必要はないとも考えられる。

説4

殺りくの本能説

「はやにえ」にはとくに意味はなく、殺りくの衝動に駆られた本能的な行動にすぎないという説もある。

一昔前まで、動物は食べる目的でしかほかの生き物の命を奪うことはなく、人間のように生きていくのに必要のない殺しをすることはないと広く信じられていた。だが最近は、**食べるわけではないのにほかの動物を殺す肉食動物は珍しくない**と、観察などの結果明らかになっている。モズの「はやにえ」も、この殺りくの本能のバリエーションの一つではないかというわけだ。

実際、モズはエサだけではなく、木の葉やゴムまりなど食べられないものも「はやにえ」にすることがある。ただ、この説では、「はやにえ」が秋〜冬に多く、春〜夏に少ないことが説明できない。本能なら、一年を通して同じように行われるはずだからだ。

説5 メスにモテるための説

最新の説として注目を集めているのが、「はやにえ」は繁殖期にオスがメスにモテるための行動だというものだ★4。「はやにえ」活動は1月に最も多く、2月になると少なくなる。同じように食べ物が少ない冬なのに、なぜ2月になると「はやにえ」が減ってしまうのかは、**説1**の「餌を保存しておく説」においても弱点となっていた。

じつは**1月はモズの繁殖直前の時期**なのだ。そして観察によって、「はやにえ」をより多く行ったオスのモズはさえずりの歌唱速度が速くなり、速く歌えるオスほどメスが寄ってくることが明らかになったのである★5。要するに、モズのオスにとって「はやにえ」とは、歌の魅力を高めるための栄養食ということだ。

ただ、モズのメスも「はやにえ」を行う。そのため、この説だけではすべてを説明し尽くせるわけではない。

★4 大阪市立大学と北海道大学の共同研究。ちなみに、モズは大阪の県鳥に指定されており、百舌鳥という地名もある。世界遺産になった百舌鳥古墳群もこの地域。

★5 繁殖期のオスの鳥が出す鳴き声で、有名なさえずりにウグイスの「ホーホケキョ」がある。モズもウグイスの鳴きまねをして同じように鳴くことがあるが、モズ本来のさえずり声は「キチキチ、キィーキィー」。

真実はどれだ!?

今のところ「はやにえ」の説明として、少なくともオスにかんして一番信ぴょう性が高いと見られているのは、**説4**の「メスにモテるため説」だ。オスにとっては配偶者を獲得しやすくするために、繁殖期前に貯食しておくのだと考えることもできるので、**説1**の「餌を保存しておく説」も、ある意味では正しいということになる。

ただ、メスの「はやにえ」の意味や、なぜ繁殖期以外も行うのかなどの疑問は残る。そのため、ほかの説も捨て去るわけにはいかない。

突き刺すだけ突き刺して、
食べないこともある。

諸説は諸説を呼ぶ！

Column 4

技術の進歩で謎に迫る

研究は技術の進歩によって進む。４章で取り上げた渡り鳥の研究（122～127ページ）も例外ではない。鳥類標識調査（バンディング）は、鳥を捕獲して個体識別のための足環をつけて放す研究手法だ。渡った先で足環の色や番号を観測し、鳥の移動距離や寿命を調査する。

これは100年前から続く方法で、環境省をはじめ様々な研究機関が今も行っている。世界中で続けられていて、国ごとに足環の色が違うなど、わかりやすくルール化された観測方法だが、渡り鳥を詳細に追跡できるわけではない。

そこで登場したのが人工衛星を利用した追跡だ。個体識別に使う足環の代わりに発信器を付けて、その信号を捕捉する。発信器の軽量化や通信技術の向上によって、海上や山岳を飛ぶ鳥たちの情報が、リアルタイムでわかるようになったのだ。移動経路や位置情報までがわかるようになるので、いつごろどこにどれだけ滞在していたかという生態を把握できる。

今後さらに衛星や撮影技術が発展すれば、渡り鳥のライブ中継などもできるようになるかもしれない。過酷な渡りの秘密が明らかになる日も近い。

5章
宇宙

惑星から宇宙の終えんまで、宇宙に関する諸説。

地球外生命体は存在する?
宇宙で最初に誕生したのはどんな星?
巨大ブラックホールはどのように生まれた?
金やウランなどの重元素はどこでつくられた?
宇宙の未来はどうなる?

地球外生命体は存在する？

私たちは宇宙で孤独な存在なのか。

人類史のなかで、地球外の生命と接触したという公式な記録はない。だが、宇宙には地球のとは別の生命がいるのではないかという夢想は、時にロマンとして、時に恐怖として、数多くのＳＦ作品の題材となってきた。近年、天文学の発達によって太陽系内の惑星や衛星、あるいは太陽系外の惑星の状況について次第に明らかになってきている。それに伴い、地球外生命は実在性を持って語られるようになってきた。はたして、人類は宇宙のどこで他の生命と出会うのだろう★1。

説1

地球外生命体は存在しない説

地球外に生命が存在すると考えている天文学者は多い。宇宙には無数の天体

★1
アメリカの天文学者であるフランク・ドレイクは1961年に、「一つの恒星が惑星系を持つ割合（確率）」や「一つの恒星系が持つ、生命の存在が可能となる状態

があり、そのなかで生命が誕生したのは地球だけとは考えづらいという単純な理由だ。だが天文学者とは反対に、生命の研究を専門にしている人たちのなかには、地球外に生命体が存在することに懐疑的な人もいる。

生命の専門家からしてみると、生命はあまりに複雑であり、わかっていないことが多すぎるのだ。実際、**最も簡単な生命でさえ、実験室で人工的に造ることができていない。**

とはいえ、「他の生命が存在しない」ことを証明するのは難しいだろう。たとえ、太陽系を隅から隅まで調べて見つからなくても、どこかにいる可能性は残る。まして宇宙全体となれば、すべてを調べるのは実際問題、無理である。

説2

火星説

地球外に生命が存在するとしたら、はたして最初に見つかるのはどこだろう。最初の候補は火星だ。H・G・ウェルズの『宇宙戦争』をはじめSFでも〝火星人〟は定番の存在だが、科学的にも生命が育まれていてもおかしくないという見方がある。

まず、生命が存在する条件として、ハビタブル・ゾーンという考え方がある。これは「恒星の周辺において十分な大気圧がある環境下で、惑星の表面に液体

の惑星の平均数」などの係数を掛け合わせて、どの程度知的文明を持つ生命が存在するのか推定する計算式を発表した。これはドレイクの方程式と呼ばれている。

の水が存在できる範囲」のことを指すことが多い。この範囲内にある惑星は地球と同じように液体の水が存在する可能性があり、水があれば生命も存在し得るということである。

火星というと荒涼とした石と砂だらけの惑星というイメージがあるかもしれない。だが2005年に、火星の北極地方のクレーターで氷が発見されているのだ。**数十億年前の火星は地球と同じように、温暖で水のある環境だったとも考えられている。**その後、ほとんどの水は消失してしまったが、極付近には氷の状態で残っているし、もしかしたら地下には液体の水が地底湖として残っている可能性もある。地底湖が存在すれば、何らかの微生物は見つかるかもしれない★2。

説3

木星や土星の衛星説

太陽系内で火星より生命が存在する可能性が高いかもしれないと考えられているのが、木星の衛星であるエウロパ★3やガニメデ、土星の衛星であるエンケラドゥス、タイタン★4などだ。

これらの衛星は太陽から遠いために低温で、水は氷の状態で表面を覆っている。だが、木星や土星という巨大な質量の惑星の周りを回っているので、強い潮汐力

★2 火星探査機キュリオシティなどの調査で、火星にはメタンがある可能性が指摘されている。メタンは地質的な化学反応によっても生成されるが、微生物などの生命活動によっても生み出される。

★3 エウロパには宇宙空間に水を噴出する間欠泉があることが、ほぼ確実視されている。氷の下に海や湖があることになる。

が働き、内部では活発な地質活動が起こっていると推測されている。つまり、表面は凍っているが内部は暖かいということだ。そのため、**地底では水が液体の状態で存在し、地底湖や地底海を形成している**可能性が高い。

とくに期待されているのが、エンケラドゥス★5。土星探査機カッシーニが2009年にこの衛星を観測したところ、塩化ナトリウムや炭酸塩が検出された。さらに2015年には、カッシーニによる7年以上にわたる観測の結果、エンケラドゥス表面の氷の下には海が広がり、星全体を覆っているという研究結果がNASAによって発表された。

海があるということは、内部は暖かいということである。生命の誕生には「有機物」「熱源」「液体の水」という三つの要素が必要と考えられているが、そのすべてがそろっているエンケラドゥスは地球外生命の有力な候補地とされている。

説4

系外惑星説

太陽系の外に目を向ければ、生命存在の可能性はますます高まる。かつては、太陽系外の観測といえば、自ら光を発している恒星に限られていたが、望遠鏡の進化や観測技術の向上により、周辺を回る惑星も観測できるようになってきている。

初めて太陽系外惑星が正式に確認されたのは1995年だったが、その後、

★4 タイタンには窒素などの大気があり、メタンやエタンでできた海や湖があることが明らかになっている。

★5 エンケラドゥスにも間欠泉がある。その中に、有機化合物の痕跡も確認されている。

発見が相次ぎ、2019年にはその数は4000個を超えている。そのなかにはハビタブル・ゾーン内にある惑星がいくつもある。

地球から近いところでは、12・5光年先にある**ティーガーデン星★6という赤色矮星《わいせい》のハビタブル・ゾーン内に、地球サイズの惑星が二つ発見されている。**また、地球から約1100光年離れたケプラー442★7の周囲にも、ハビタブル・ゾーン内に惑星がある。これらの惑星は地球と同じような環境である可能性があるため、生命が存在してもおかしくないのだ。

説5

地球型とは異なる生命説

ここまで考えてきた「生命」とは、液体の水を必要とする地球型生命のことだ。ハビタブル・ゾーンとは、地球型生命が存在する場合の条件である。

しかし、もしかしたら宇宙には地球型生命とはまったく違う形態の生命もいるかもしれない。例えば、液体のメタンを使って化学反応を起こし、活動している生命もいるかもしれないのだ。**地球が生命にとってベストの環境であるというのは、私たちの思い込みにすぎない**かもしれない。

そういう意味では、宇宙には地球よりもはるかに生命活動が活発なところがある可能性も簡単には否定できない。

★6
ティーガーデン星は2003年に発見された赤色矮星。半径は太陽の約11%、質量は太陽の約9%と、非常に小さな星で、地球サイズの岩石惑星が二つ見つかっている。フレアもほとんど観測されないため、生命が存在できる可能性が指摘されている。

★7
ケプラー442は、こと座の方角にある橙色矮星。その衛星は地球に似たサイズの星だと考えられている。

真実はどれだ!?

地球以外にも生命がいる可能性が高いというのは、現代の科学では主流の説となっている。火星や、木星や土星の衛星にいるかもしれないし、太陽系外惑星にまで広げれば、その確率はもっと高まる。「生命」の定義そのものを広げれば、確率は無限大だ。ただ、実際に人間がその目で確認できるのは、太陽系内にいた場合だけかもしれない。何をもって生命の存在を確認したといえるのか、研究者の間でも様々な意見がある。

地球外生命体は、地球型の生命とは限らない。

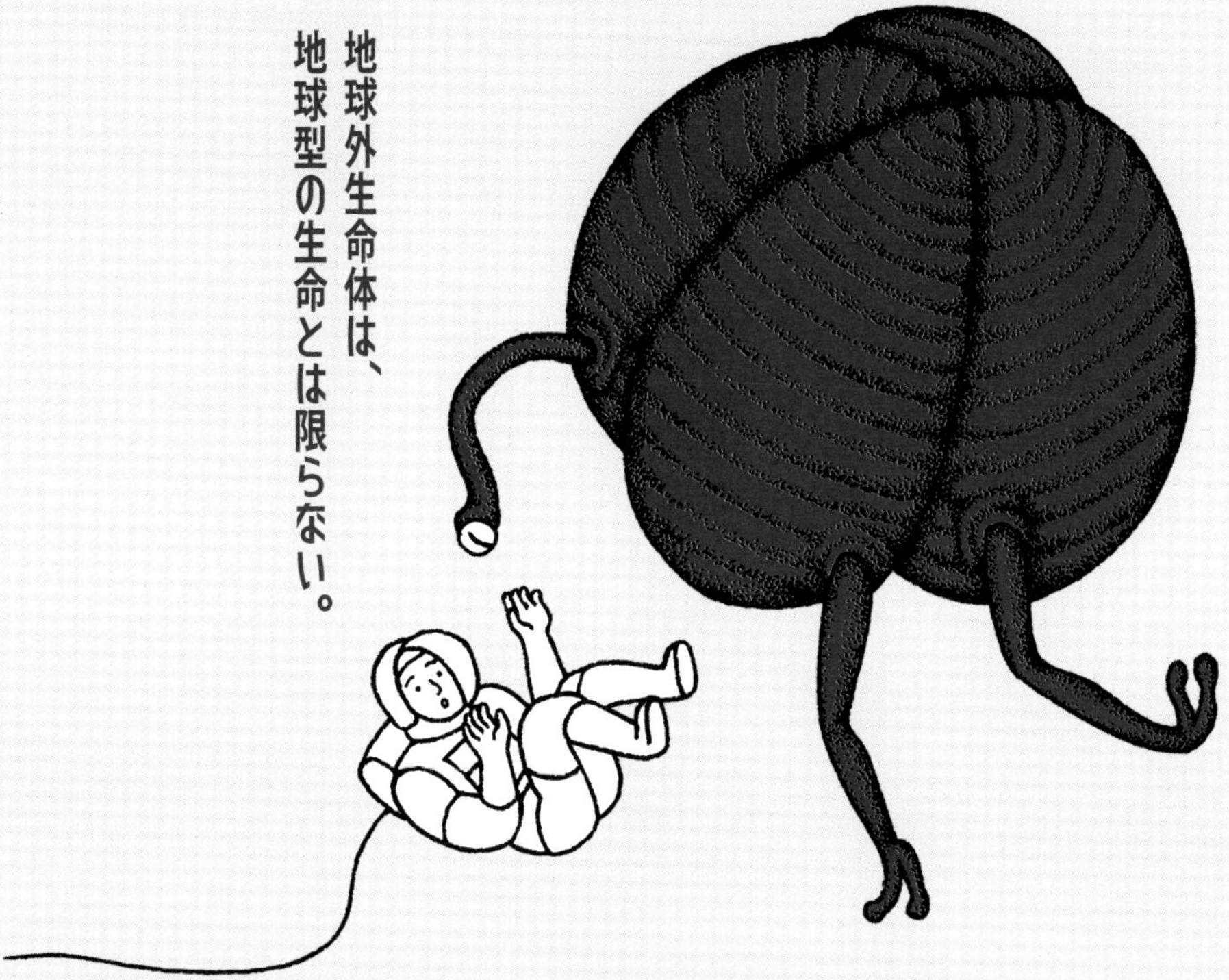

宇宙で最初に誕生したのはどんな星？

最初の星は大きかったのか、小さかったのか。

宇宙が誕生したのは、今から約138億年程前。最初の星の材料となった水素★1やヘリウム★2の原子が宇宙に登場したのは、宇宙誕生から38万年後頃のこと。3億年ほどたった頃に、宇宙のあちこちでそれらのガスが集まってきて次第に凝縮し、より濃密なガスの塊となった。ガスの密度がさらに高まっていくと、中心部で核融合反応が起き、ガスの塊は光り輝きだし、星（恒星）となったとされている。現在、宇宙にあるすべての星は、それら最初の星（ファーストスター）の子孫たちである。そんなファーストスターは、どのような大きさで、どういうふうに終わりを迎えたのだろうか？

★1
宇宙で最も豊富に存在する元素が水素で、宇宙全体の約70％を占めている。

★2
ヘリウムは地球が誕生する過程でほとんど失われてしまい、現在地上で使われているヘリウムは地下資源から抽出される。

説1

太陽の数百倍も重い星も誕生し、今は見られないような爆発を起こした説

現在の宇宙では、太陽の数百倍という超巨大な質量の星はほとんど発見されていない★3。しかしファーストスターに限っては、質量が太陽の数百倍あったのではないかと考えるのがこの説だ。

現在の宇宙と初期の宇宙とで、なぜそのような違いが生まれるのか。二つの理由が挙げられる。

一つは、ダスト（固体の微粒子）★4の有無だ。現在の宇宙には星の材料となる水素とヘリウム以外にも、ダストなどさまざまな物質が漂っている。水素とヘリウムのガスが集まった際、ダストが混じっていると、それが赤外線を放射しガス雲を冷やす。気体は冷却すると、重力で縮んでいくのを止められなくなる。その結果、そこまで大量のガスが集まる前に星が生まれる。

一方、初期の宇宙にはダストが存在しなかった。**そのような環境では赤外線放射による冷却が起こらないため、大きな質量を持ったガス雲でないと縮んで星になれない。**そこから、この説では初期宇宙には太陽の何百倍もの質量を持った星が誕生したのではないかと考えるのだ。

★3 観測史上最も質量の大きな恒星は、太陽の約250倍の質量を持つ。ヨーロッパ南天天文台（ESO）の超大型望遠鏡VLTの観測により、大マゼラン雲の中にある星団の内部で見つかった。ただし、これらの星はまだ若く、今後表面からガスが流出していき、一生を終える前にはかなりの質量を失ってしまう可能性が高い。

★4 恒星などの天体がない場所は、何もない真空の空間に見えるが、実際にはそういう場所にもダストと呼ばれる微粒子が浮かんでいる。

もう一つの理由は、生まれてきた星における重元素の有無。現在の宇宙には重元素が豊富にある。星の質量が極端に大きくなると、核融合が活発になり、そのエネルギーで明るく輝く。星の表面のガスが、ダストではなく気体になっている重元素を含んでいると、強い放射圧（光が物質に与える圧力）で外側に押される。その力が重力によって引きつけられる力を上回ると、大量のガスが表面から放出され、安定的に質量を維持できなくなる。そのため、現在の宇宙では大質量の星は誕生しづらいし、いったんできても一生を終えるまでに多くの質量を失ってしまうのだ。

重元素が存在しなかった初期の宇宙では、この現象が起こらない。そのため、大質量を維持したまま星が一生を終える。

太陽の何百倍もの巨大な質量の星が寿命を迎えた場合、そのような星は通常の超新星爆発は起こさないと推測されている。星の質量が太陽の１４０倍を超えると、質量が大きすぎるために重力を支えきれずに早い段階で潰れていく。潰れていくとき、内部にはまだ核融合を起こす元素が多量にあるため、核融合は止まらずに続く。すると、酸素などの核融合が暴走し始め、それによって星が爆発してしまうのだ。

要するに、**星が巨大すぎるために崩壊のプロセスが早まり、一気**

にすべてが吹き飛んでしまうのである。この場合は、ブラックホールや中性子星も誕生せず、あとには何も残らないとされている。この説は、理論上はあり得るが、現在のところ、そのような超巨大質量の星が起こした特殊な爆発の痕跡は観測されていない。

説2

太陽の数十倍重い星で、すべて超新星爆発を起こした説

説2は、ファーストスターは太陽の数十倍から100倍程度までの質量であり、それらの重さの星に一般的に見られるように、超新星爆発を起こして一生を終えるというものだ。初期の宇宙でも現在の宇宙と同様、超巨大な質量の星は存在しなかったのではないかと、この説では考える。**これまでの観測で得られている結果は、この説を後押しするものとなっている。**

太陽の数十倍から100倍程度の大きさの星は、基本的には超新星爆発を起こして一生を終える。超新星爆発のメカニズムは次のようなものだ。まず、星の中心で核融合が進んでいくと次々に新しい元素が生まれていき、最後に鉄が作られる★5。鉄までできると星の内部で核融合がほとんど起こらなくなるため、中心部が重力で潰れていく。すると中心部で反発が起こるとともに、大量のニュートリノが生成され、周囲を加熱する。それが原因で超新星爆発が起きるのだ★6。ち

★5
水素が核融合してヘリウムがつくられ、次いでヘリウムの核融合により炭素ができ、さらに酸素、鉄へと重い元素がつくられていく。

★6
太陽の8倍以上の質量を持つ恒星は、一生の終わりに超新星爆発を起こし、ブラックホールや中性子星になる。それより小さい恒星は超新星爆発を起こさず、膨張して赤色巨星となり、外層が裂けて最後に白色矮星となる。

なみに、超新星爆発が起きたあとには、ブラックホールや中性子星が残る。

説3

太陽程度の軽い星も誕生した説

説1や**説2**とは反対に、太陽と同じぐらい、あるいはそれよりも質量の少ない星も初期宇宙で誕生していたという説もある。

ガスの塊の量が少ないと、発生する重力も少ないために収縮が起きにくく、星になりづらい。とくに初期宇宙は、ダストなどガスを冷やすものがないため、より収縮は起こりにくい。だが、現在考えられている以外のプロセスの冷却過程があり得るとすれば、少ないガスから太陽程度やそれよりも小さな星が生まれた可能性も完全には否定できない。また、大質量星が生まれるときに、一部のガスが分裂して小質量星が誕生する可能性もある。

星は小さければ小さいほど寿命が長い。太陽の寿命は約100億年だが、太陽の0・8倍の質量なら約150億年、0・5倍なら数百億年の寿命となる。宇宙に最初に星が誕生したのは134億年程前と考えられているので、もしファーストスターが太陽より小さい星だったすれば、現在も残っているはずで、それは重元素を全く含まない星として観測されると考えられる。しかし、今のところそのような星は観測されていない。

真実はどれだ!?

じつは、**説1〜3**のどれも矛盾はしていない。初期宇宙には太陽よりも何百倍も巨大な星もあれば、何十倍程度の星もあり、あるいは小さな星もあったかもしれない。問題は、どのタイプの星が一番多かったということである。

遠くの星の光は長い時間をかけて、地球に到達している。つまり、初期宇宙の状態については、遠くの天体を観測すればわかる。今後、望遠鏡の性能が上がっていけば、宇宙初期に明るく輝いたファーストスターを直接観測し、その特徴を明らかにすることができるかもしれない。

次世代の望遠鏡なら、
すごいものが
見えるかも!?

巨大ブラックホールはどのように生まれた？

太陽の100億倍という大質量ブラックホール。

一般的なブラックホールは、質量の大きな星（恒星）★1が自らの重力で潰れて★2超新星爆発を起こしたあとも残った核が収縮を続けた結果、高密度、高重力となった天体である。その質量は太陽の5～50倍程度とみられており、あまりに強い重力のため、一定以上近づくと物質はもちろん、光さえ脱出できない。一方、私たちの暮らす地球のある天の川銀河の中心には太陽の約400万倍もの質量を持つ巨大なブラックホールが存在している。さらに、宇宙全体で見れば、太陽の10億倍や100億倍の質量を持つブラックホールがいくつもあるのだ。それらは、大質量ブラックホールや超大質量ブラックホールと呼ばれている。なぜそこまで巨大な天体が生まれたかについては、さまざまな説が唱えられている。

★1 超新星爆発を起こすのは、太陽の8倍以上の質量がある恒星。太陽の100億倍はもちろん、数百万倍の質量を持つ恒星は存在しないので、巨大な質量を持つブラックホール誕生の理由については、さまざまな説が唱えられている。

★2 恒星は、重力による内

説1

周囲のガスを飲み込み、成長した説

説の一つは、太陽の質量の数十倍程度のブラックホールが周囲のガスをのみ込み続け、成長したというもの。初めはそれほど大きくなかったブラックホールが、次第に周囲のガスを重力でのみ込んでいき、成長して巨大になったという。実際、**ブラックホールは周囲のものを吸い込みながら少しずつ大きくなっていく**ので、この説は理論的にはあり得る。

問題は、誕生から8億〜10億年程たつころには、既に大質量ブラックホールが存在していたことが明らかになっていること。わずか数億年で、太陽の十億倍ものの質量をかき集めるメカニズムがわかっていない。

ブラックホールというと、どんなものでも吸い込んで急激に成長していくイメージがあるかもしれない。だが、実際は地球が太陽に落ちないのと同じように、近づいた天体には遠心力が働いて、落ちていく力に抵抗するため、重力に引かれたからといって簡単には落ちていかないのだ。小さなブラックホールが巨大なものに成長するには、かなりの時間が必要なのである。

向きの力と、ガス圧とガスが受ける放射圧による外向きの力が均衡して球体の姿を保っている。核融合するための燃料を使い果たすと、外向きの力がなくなって均衡が崩れ、重力によって一気に潰れて崩壊する。これを重力崩壊という。

説2

大質量のガス雲から直接ブラックホールが誕生した説

周囲のガス雲をのみ込みながら成長する点では**説1**と同じだが、この説では最初にできるブラックホールのサイズがそもそも桁違いに大きかったと説く。通常、ブラックホールは大質量星が超新星爆発を起こすことで誕生するが、別の生まれ方をすることもあり得ると考えられている。

あまりに多すぎるガス、具体的には**太陽の300倍以上の質量のガスが集まってしまうと、重すぎるために、恒星ではなく、いきなりブラックホールができてしまう**という。そうやってできたブラックホールは、超新星爆発でできたものよりも最初から大きい。誕生時から太陽の10万倍以上の質量を持つブラックホールがいきなりできてしまう可能性がある。そこからならば、成長も早いだろう。

この説なら、宇宙の初期に大質量ブラックホールが存在することが説明できるかもしれない。ただ現在のところ、このように重いブラックホールが直接誕生したことを裏付ける観測事実は見つかっていない。

説3

星団の恒星が合体して超新星爆発を起こした説

まず恒星同士が合体して巨大な恒星になり、それが超新星爆発を起こすことで巨大なブラックホールが誕生。そこから成長して、大質量ブラックホールになったというのがこの説である。

恒星同士が合体するためには、まず星団の密度が高くないといけない。現在の宇宙で星の密度が一番高いのは球状星団★3だ。さそり座のM4やヘルクレス座のM13などが、代表的な球状星団である。

だが、それらの球状星団では、恒星の合体がそれほど頻繁に起きているわけではない。また、恒星の一つ一つが小さいため、合体しても巨大な恒星にはなりにくい。この説で想定しているのは、**初期の宇宙には、今もよりももっと質量の大きな恒星が集まった星団が存在し、そこでは頻繁に星同士の合体が起こっていて、巨大な恒星が生まれていたのではないか**ということだ。

理論上はこのようなプロセスはあり得ることで、これならば宇宙の早い段階から大質量ブラックホールができることも、ある程度は説明できる。ただ、こちらも**説2**と同じように実例が見つかっていない。

★3 恒星が球状に密集した星団。100億歳を超えるような老齢の恒星も多い。

説4

銀河の合体によりブラックホールも合体した説

超巨大な銀河★4の中心の大質量ブラックホール同士が合体することで、さらに大きな超大質量ブラックホールが誕生したというのがこの説である。

例えば、天の川銀河とアンドロメダ銀河★5は現在接近中で、40億年以内に衝突し、いずれは合体すると予測されている。その際、それぞれ**銀河の中心にある大質量ブラックホール同士が合体すれば、超大質量ブラックホールになる**可能性があるだろう。ブラックホール同士が完全に合体する前には、大質量ブラックホールの連星が生まれるはずだが、そのような天体は既に宇宙で見つかっている。

問題は、今まさに合体しつつある大質量ブラックホールの実例が見つかっていないことだ。また、その現象がどの程度の頻度で起きるのかも問題だ。まれだとしたら、宇宙にある大質量ブラックホールの多さを説明できない。大質量ブラックホールの合体を重力波の観測でとらえようという計画もあり、将来的にはこの疑問に答えが得られるかもしれない。

★4
天の川銀河をはじめ、ある程度の大きさの銀河の多くは、中心に大質量ブラックホールが存在している。そして銀河同士が衝突して合体し、超巨大な銀河になることは、宇宙ではそれほど珍しいことではない。

★5
地球から肉眼でも見える。天の川銀河よりも大きく、直径が2倍ほどある。約1兆個の恒星でできている。

真実はどれだ!?

説1は現在わかっている通常のブラックホールのでき方から類推したものだが、これでは初期宇宙にも大質量ブラックホールが存在することを説明できないため、今は主流の説とはなっていない。

説2、**3**、**4**は、どれも理論上は大質量ブラックホールの誕生を説明できる。だが、実例が確認できていないのが弱点だ。将来、望遠鏡の性能が上がり、初期宇宙についての詳細がわかれれば、大質量ブラックホールの謎も解けるかもしれない。

金やウランなどの重元素はどこでつくられた？

重元素は初期の宇宙には存在しなかった。

私たちの暮らす地球、そして宇宙には、さまざまな元素があふれている。そのなかで、水素とヘリウムより重い元素は、宇宙に最初の星（恒星）が誕生したあと、その星の内部で起こる核融合でつくられ、超新星爆発によって広い範囲に拡散したと考えられている。宇宙に広まった重元素を含んだ物質を材料にして、最初から重元素を持った第2世代以降の星が誕生。その内部で核融合が起きることで、鉄よりもさらに重い元素が作られ、それが再び超新星爆発によって宇宙に拡散した。こうして、宇宙に各種の重元素が広まっていったと考えられている。だが金やウラン★1などの重元素は、恒星の内部でつくるのは難しいとされる。どうやってつくり出されたのかについて、主に二つの説が唱えられている。

★1 現在の地球上に自然に存在している元素のうち、大量に存在しているものとしては、ウランが最も原子量が大きい。

説1

超新星爆発説

最初の説は、超新星爆発だ。核融合を一通り終えて膨らもうとする力を失った恒星は、自らの重力によって潰れて死を迎える。そのときの勢いは、一説によると秒速7万キロというすさまじい速度。その爆発で、大量にニュートリノが放出されることがわかっている。その反応によって中性子が大量につくられ、鉄までの元素がそれを取り込んで成長し、重元素をつくるというわけだ。

じつは、星のなかでも中性子が発生し、それを取り込んで重元素をつくっている。しかしこれは何万年もかけてゆっくりと進むもので、不安定な元素を経由して重い元素をつくり続けることはできない。とくにウランは不安定な元素なので、短時間でつくらなければならず、恒星内部で起きているゆっくりとした核融合ではつくりだすことができないのだ。

そこで、金やウランは恒星内部で起きている核融合ではなく、**超新星爆発で大量のエネルギーが放出された際に、一瞬でつくられた**と、この説では考える。つまり、超新星爆発には恒星の内部でつくられた重元素を拡散させる役割だけでなく、その過程で新たな重元素をつくる役割もあるというわけだ[★2]。

★2 ただし、最近の超新星の研究では、爆発の際にさほど中性子が豊富にはならないことがわかってきている。だとすると、超新星は重元素の主要な生成場所ではないことになる。

説2

中性子星連星の合体説

鉄より重い元素を作るためには、原子核に中性子が加えられる必要がある。しかし、超新星爆発の際に中性子が加えられるような作用は働かないのではとも考えられている。それでは金やウランは作れない。そこで、別の説として浮上してきたのが、中性子星の連星が合体することで金やウランが作られたのではないかというものだ。

中性子星は恒星が超新星爆発を起こしたあとに生まれる天体の一つで、文字通り、中性子の塊である。**中性子が豊富にあるため、金やウランなどもできやすい。**この説の弱点は、かなり長い時間がかかるということだ。なにしろ中性子星が生まれるためには、まず恒星が寿命を迎えて超新星爆発を起こす必要があり★3、さらに、それが連星になって合体するまでには、さらに長い時間を要する。

しかし、初期の宇宙にも金やウランなどの重元素があることが観測されている。**説2**では、これが無理なく説明できるのか、という問題が残る。また、実際に中性子星の合体は観測されているものの、その観測結果では鉄よりは重いがウランよりも軽いストロンチウムなどの元素の検出が報告されているが、もっと重い元素がどの程度生成されるのか確認できていない。

★3
恒星の死に方は、質量により変わる。太陽程度の恒星は、赤色巨星を経て白色矮星になる。質量が太陽の8～25倍ある恒星は超新星爆発を経て中性子星に、25倍を超える恒星が超新星爆発を経てブラックホールになると考えられている。

真実はどれだ!?

説1と**説2**の違いは、前者が超新星爆発によって直接、金やウランなどの重元素ができるとするのに対し、後者は超新星爆発のあとに、いったん中性子星になるステップが必要だということだ。

説2のプロセスで金やウランなどの重元素ができることは確からしいので、現在はこちらの説のほうが有力になっている。ただ、超新星爆発でも、多少はそれらの重元素ができるかもしれないという説もある。

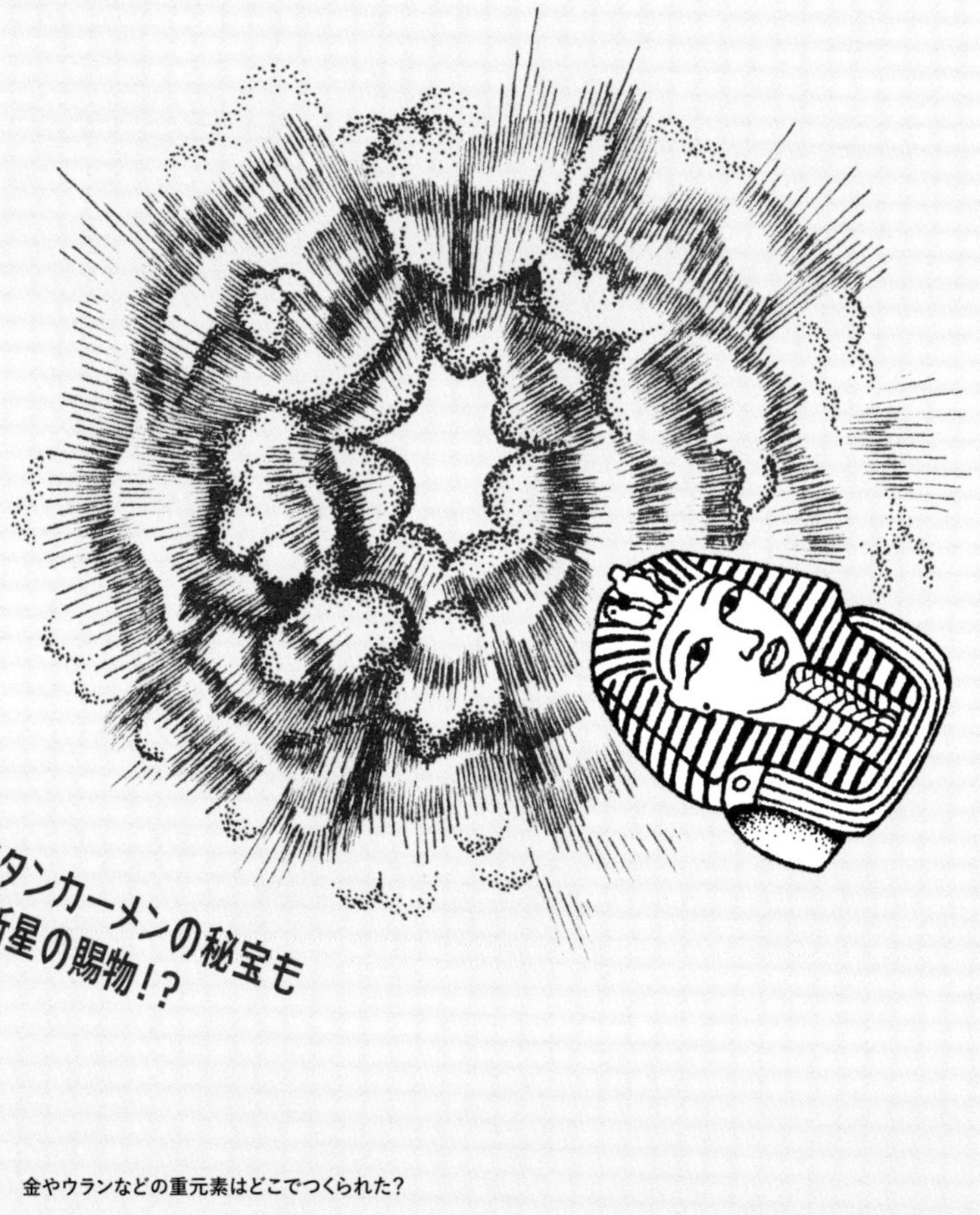

ツタンカーメンの秘宝も
超新星の賜物!?

宇宙の未来はどうなる？

宇宙には終わりがあると考えられている。

約138億年前に何もなかったところから宇宙が突如誕生し、ビッグバン★1によって一瞬で膨張したことは、理論の面からも観測の面からも確かなことだとされている。その後も宇宙は膨張を続け、今も広がり続けている。では、その宇宙が遠い将来にどうなるのか？　宇宙に終わりは来るのか？　昔から多くの人が宇宙の終えんに関心を持ち、考えてきた。天文学の進歩とともに、さまざまな説が唱えられてきたが、現在は大きく分ければ三つの説が主流となっている。もちろん数百億年以上先の話なので、そのころには太陽もなければ、地球もなく、おそらく人類も存在していないだろう。それでも、このテーマはいつも人々の好奇心をくすぐる。

★1 ジョルジュ・ルメートルが「宇宙は原始的原子から誕生した」と提唱したのは、1931年。当時、宇宙は永遠で静的で普遍と考えられていたため、ルメートルの理論は「おおぼら（ビッグバン）」とやゆされた。これが「ビッグバン」の語源といわれる。

説1

膨張がいずれ止まり、やがて縮み始める説

一つ目の説は「膨張がいずれ止まり、やがて縮み始める」というもの。ビッグバンの際に宇宙を膨張させ、今も膨張を続けさせているのも、当然何らかのエネルギーによってである。エネルギーがどこからか無限に供給され続けない限り、膨張の勢いは次第に弱まっていくはずだ。

膨張の勢いが弱まれば、**宇宙にある恒星やガスなどの質量が生む重力によって、今度は反対に宇宙が縮み始める**と考えられている。そのような宇宙の未来は、「ビッグクランチ（Big Crunch）」と呼ばれている。クランチとは「かみ砕く」という意味だ。

縮んだあと、宇宙の誕生前と同じように無に帰るのか、それともそこからまた再びビッグバンが起こり、膨張と収縮を繰り返すのかはわからない。現在の膨張の勢いは、天体や暗黒物質の質量では引き止められそうにない。しかし、宇宙の膨張が何によって起きているのかまだ十分にわかっていないため、将来宇宙が収縮に転ずる可能性も否定できない。

説2

膨張が加速し、あらゆる物質が引きちぎられる説

説1とは逆に、宇宙の膨張が加速していき、最終的にはあらゆる物質が引きちぎられるという説がある。じつは宇宙を膨張させているエネルギーの正体そのものがわかっていない。このエネルギーはダークエネルギー★2と呼ばれ、多くの天文学者が研究を続けているが、現時点ではその正体がほとんど判明していないのである。

しかも現在の宇宙は、ただ膨張しているだけでなく、50億年程前から膨張の速度がそれまでよりも上がっていることが観測から明らかになっている★3。つまり、宇宙は誕生の瞬間に一気に加速膨張し、その後いったん膨張の速度を緩めたものの、なぜか再加速したということだ。

もし宇宙の膨張加速が続き、今以上に速くなっていった場合、**空間がものすごい速度で広がっていくために、いずれはあらゆるものが引き離されてしまう**と、この説では考える。現在の宇宙は全体が膨張しているものの、銀河や銀河団のような天体はお互いの重力で引き寄せられており、天体自体が膨張しているわけではない。

膨張の速度がある一定のレベルを超えると、物質を引き寄せ合う重力が加速

★2
ダークエネルギーは、宇宙の拡張を加速していると考えられる仮説上のエネルギー。宇宙全体の質量とエネルギーのうち、7割程度を占めているとされる。

★3
1990年代後半、多国籍メンバーで編成した「ハイゼット超新星捜索チーム」と、米ローレンス・バークレー国立研究所を拠点とする「超新星宇宙研究チーム」という二つのチームが、ほぼ同時に宇宙の膨張

のエネルギーに負けてしまい、まず銀河同士の距離が遠くなり、地球から見えている天の川銀河の外の銀河が、遠くにあるものから順番に見えなくなってしまう。次に、恒星同士の距離も離れていき、やがて惑星の上にいる私たちの体も引きちぎられる。そして最後には、物質を構成している原子核そのものまでがバラバラになってしまうという。

このような宇宙の未来は「ビッグリップ（Big Rip）」と呼ばれている。リップとは「引き裂く」という意味で、非常に恐ろしい未来図だ。１０００億年以上先のことともいわれているので、人類が体験することはなさそうだが。

説3

膨張を続け、天体の活動のない静かな状態となる説

宇宙が収縮してビッグバン前の状態に戻ってしまう**説1**や、加速膨張によってあらゆるものが引き割かれてしまう**説2**と比べると穏当なのが、「膨張を続け、天体の活動のない静かな状態となる」ということの説である。

この説では、宇宙の膨張は続くものの、現在のような加速はどこかで緩やかになり、**広がろうとする膨張の力と、引き寄せ合う重力が均衡状態となる**としている。そして、その状態で宇宙は固定される。この説が正しければ、宇宙の寿命は永遠ということになるかもしれない。

が加速していることを突き止めた。

ただし、宇宙自体は永遠でも、その景色は今の私たちの知るものとはまったく違うものになっている。なぜなら新たな恒星の誕生は、いつまでもは続かないからだ。宇宙の歴史を見ると、恒星誕生のピークは約100億年前であり、現在は既に衰退期に入っている。今後はますます、新たな恒星は生まれづらくなる。

そして、恒星にも寿命がある。太陽の寿命はあと50億年ほどといわれる。そのあと太陽は白色矮星★4となり、何十億年にもわたってゆっくりと冷えていき、最後には光と熱を完全に失った黒色矮星へと変化する。新たな恒星が生まれない宇宙は、そのような死の天体だけが静かに残るようなものになるかもしれない。

あるいは、質量が太陽の約30倍以上ある星は、最終的にはブラックホールになる。ブラックホールは成長し続けるため、やがて古い星をのみ込んでいき、ブラックホールだらけの宇宙になってしまうかもしれない。

そんなブラックホールも、長い時間のあとには蒸発して消えしまうともいわれている★5。その場合は、宇宙には素粒子だけが残ることになるだろう。平穏ではあるが、とても寂しい宇宙になってしまうのだ。

★4
白色矮星は、太陽程度の質量を持つ恒星が、一生を終えたときに残される天体。地球の大きさより少し大きい程度だが、質量は大きいので重力は地球よりはるかに強い。

★5
車いすの天才科学者、スティーブン・ホーキングが提唱したホーキング放射により、ブラックホールはやがて蒸発するとされる。

真実はどれだ!?

どの説が正しいにせよ、遠い将来、宇宙が現在の私たちの知っている状態ではなくなってしまうという点では同じだ。ある意味、なんらかの形で宇宙は終えんする。その終えんの形について、さまざまな説が唱えられているということだ。

そのなかでは、現時点では**説2**が有力視されている。それほど宇宙の加速膨張の勢いは凄まじい。もっとも、膨張させているエネルギーの性質自体がわかっていないため、あるとき突然止まってしまう可能性も完全には否定できない。ダークエネルギーについての研究が進めば、また違う宇宙の未来予想が出てくるかもしれない。

そのとき観客は誰もいない。

あとがき

偉大な発見は、
いきなり完全な姿で
科学者の頭脳から
現れるわけではない。
膨大な研究の積み重ねから
生まれる果実なのだ。

マリー・キュリー

そう。私たちは、答えの定まっていない世界に生きている。

正直なところ、
１３０年前の殺人事件の犯人を、今さら解明することに
何の意味があるだろう。
邪馬台国の場所がわからなくても、

それはそれでロマンがあっていい。
宇宙の未来など気にしても、仕方がないではないか――
と思われるかもしれない。

だが、人間は知りたがる生き物なのだ。
役に立とうが立つまいが、
わからないことを放っておけない。
営々と事実の追究を繰り返すことこそが、
私たち人類の生業《なりわい》なのである。

事実を求める過程で、諸説が生まれる。
本書を読み終わったあと、身の回りにも
たくさんの諸説があることに気づくだろう。
どうか、そんな諸説を愉《たの》しみながら、
また新しい事実を発見してほしい。

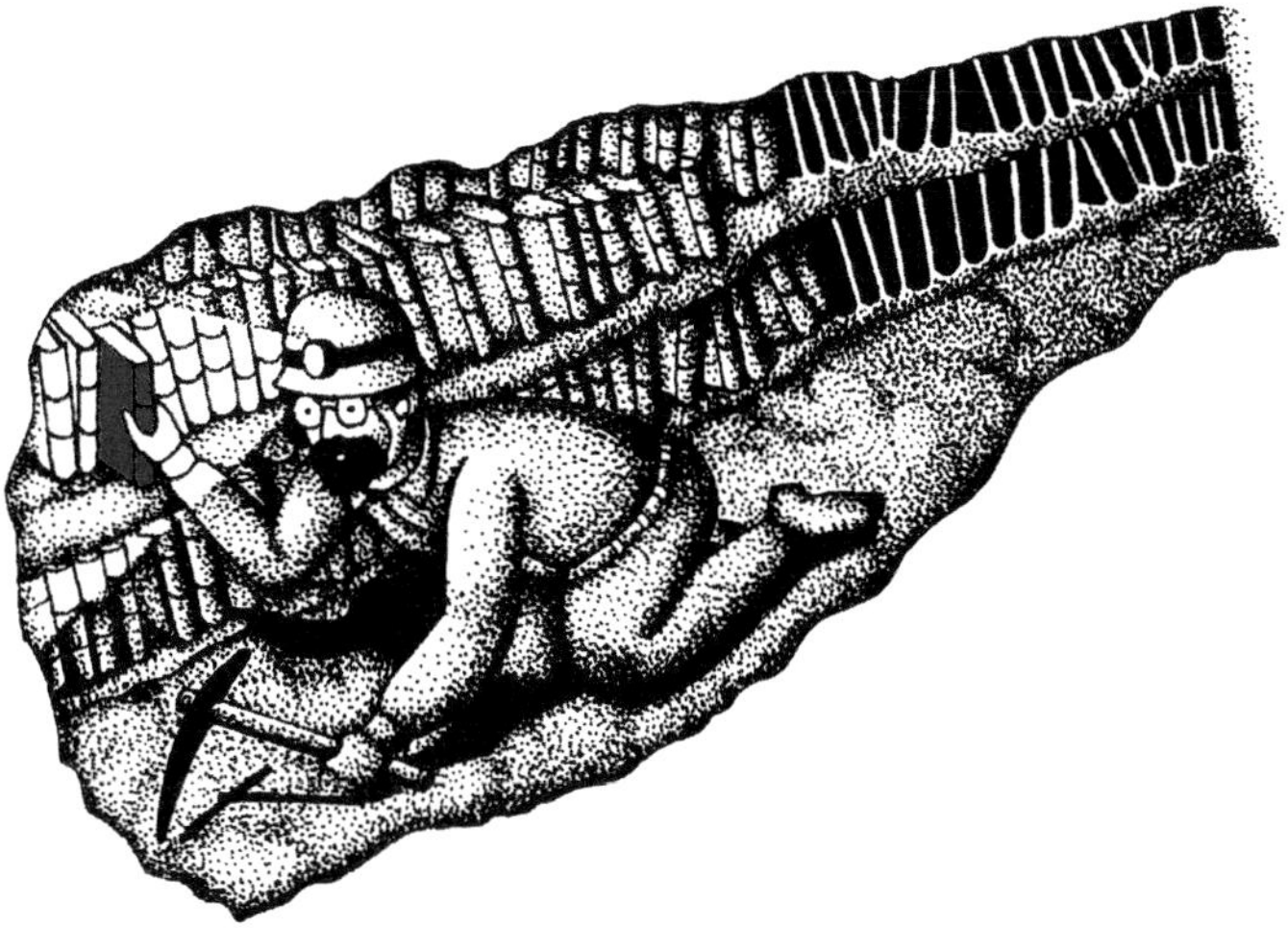

参考文献

はじめに／序章

『ナショナル ジオグラフィック日本版』2011年2月号（日経ナショナル ジオグラフィック社）
『『AstroArts』Webサイト／重力波検出に貢献した研究者3名、ノーベル賞を受賞
『ナショナル ジオグラフィック日本版』Webサイト／研究室に行ってみた。国立科学博物館 恐竜 真鍋真
『マリー・キュリー――フラスコの中の闇と光』バーバラ・ゴールドスミス（WAVE出版）
『キュリー夫人 輝く二つのノーベル賞』ドーリー（講談社）
『こんなに変わった！ 小中高・教科書の新常識』現代教育調査班（青春出版）

世界史

『名画が愛した女たち 画家とモデルの物語』木島俊介（集英社）
『レオナルド・ダ・ヴィンチの世界』池上英洋ほか（東京堂出版）
『美女たちの西洋美術史 肖像画は語る』木村泰司（光文社新書）
『本当は怖い古代文明 増補版』知的発見！探検隊（イースト・プレス）
『インダス文明の謎 古代文明神話を見直す』長田俊樹（京都大学学術出版会）
『ハーメルンの笛吹き男』阿部謹也（ちくま文庫）
『世界史未解決事件ファイル「モナ・リサ贋作疑惑」から「アポロ11号着陸捏造疑惑」まで』日本博学倶楽部（PHP）
『図説 切り裂きジャック』仁賀克雄（河出書房新社）
『ジョン・F・ケネディ暗殺の動機 今明らかになる神話と謎』布施泰和（近代文芸社）
『教科書には載せられない黒歴史』歴史ミステリー研究会（彩図社）

日本史

『邪馬台国と卑弥呼の事典』武光誠（東京堂出版）
『古代史の謎を攻略する 古代・飛鳥時代編』松尾光（笠間書院）
『思い込みの日本史に挑む』松尾光（笠間書院）
『敗者の日本史 7』秋山哲雄（吉川弘文館）

『大元帥と皇族軍人 明治編』小田部雄次（吉川弘文館）
『テーマ別だから理解が深まる日本史』山岸良二（朝日新聞出版）

科学

『「火の玉」の謎』大槻義彦（二見書房）
『近視の病態とマネジメント』大野京子（中山書店）
『診療で役立つ！近視進行予防のサイエンス』坪田一男（金原出版）
『隕鉄製鉄器の自然科学的研究』田口勇（国立民俗博物館研究報告）
『知られざる鉄の科学』斎藤勝裕（ＳＢクリエイティブ）
『Evidence for a limit to human lifespan』Xiao Dong,Brandon Milholland & Jan Vijg Nature vol.538,pp.257-259
『ゾウの時間　ネズミの時間』本川達雄（中央公論社）
『目でみる妊娠と出産』馬場一憲（文光堂）
『悪阻なんてこわくない 安産のための手引き』恩田威一（同成社）

生き物

「鳥の渡りの謎」（ＮＨＫ 解説アーカイブス）
『モズの話』唐沢孝一（北隆館）
『はだかの起原―不適者は生きのびる』島泰三（木楽舎）
『鳥の生命の不思議』アドルフ・ポルトマン（どうぶつ社）
『嵐山野猿公園におけるニホンザルの土食について』「霊長類研究」井上美穂
『ヒトはなぜ立ったか』『地学教育と科学運動 75号』小寺春人

宇宙

『宇宙の誕生と終焉 最新理論で解き明かす！ １３８億年の宇宙の歴史とその未来』松原隆彦（サイエンス・アイ新書）
『ビジュアル大宇宙 宇宙の見方を変えた53の発見』ジャイルズ・スパロウ（日経ナショナル ジオグラフィック社）

監修者紹介

鈴木悠介（世界史）

1986年生まれ。早稲田大学在学中から塾で世界史を教え始め、卒業後に予備校講師となる。現在は各地の予備校に出講する一方、オンライン予備校「学びエイド」の講師としても活躍中。さらに〝教育系YouTuber〟として「すずゆうチャンネル」を開設し、様々な世界史コンテンツを配信するなど、活動の場を広げている。「論理性」「興味性」「有益性」を追求したその講義は受講生から大好評。主な著書に『高校世界史をひとつひとつわかりやすく。』『世界史単語の10秒暗記 ENGRAM2250』『イチから鍛える世界史』（いずれも学研プラス）などがある。Twitter：@yuusuke_suzuki

山岸良二（日本史）

1951年生まれ。慶應義塾大学大学院修士課程修了。専門は日本考古学。現在、昭和女子大学、放送大学非常勤講師、習志野市文化財審議会会長。平成29年度千葉県教育功労者表彰受賞。日本最大の考古学会である日本考古学協会全国理事も務めた。執筆、講演、テレビ出演などで歴史学・考古学の啓蒙普及につとめている。主な著書に『いっきに学び直す日本史』（東洋経済新報社）や『テーマ別にみる　日本史』（朝日新聞出版）などがある。

竹田淳一郎（科学）

1979年生まれ。慶應義塾大学理工学部応用化学科卒業、同大学大学院修了。早稲田大学高等

学院教諭、早稲田大学講師。人に何かを教えるのが好きで、小学生から80代の社会人まで、学校や実験教室、オープンカレッジなどで幅広い年代にサイエンスの楽しさを伝えている。著書に『大人のための高校化学復習帳』（講談社）、『「高校の化学」が一冊でまるごとわかる』（ベレ出版）など。

成島悦雄（生き物）

1949年生まれ。東京農工大学農学部獣医学科卒。上野動物園、多摩動物公園の動物病院勤務、井の頭自然文化園園長などを経て、日本獣医生命科学大学獣医学部客員教授。日本動物園水族館協会 専務理事。NHKのラジオ番組「子ども科学電話相談」では動物ジャンルを務め、子どもたちにわかりやすく動物の生態や面白さを伝えている。主な著書に、『珍獣図鑑』（ハッピーオウル社）、『大人のための動物園ガイド』（養賢堂）など。

青木和光（宇宙）

1971年生まれ。東京大学大学院理学系研究科天文学専攻修了。博士（理学）。専門は恒星物理学、天体分光学。国立天文台准教授（TMT推進室）、総合研究代学院大学准教授。国立天文台では、次世代超大型望遠鏡TMT（30メートル望遠鏡）の建設に携わっており、従来の望遠鏡では観測できなかった天文学の謎に挑んでいる。著書に『星から宇宙へ』、『物質の宇宙史――ビッグバンから太陽系まで』（ともに新日本出版社）がある。

ナショナル ジオグラフィック協会は1888年の設立以来、研究、探検、環境保護など1万3000件を超えるプロジェクトに資金を提供してきました。ナショナル ジオグラフィックパートナーズは、収益の一部をナショナルジオグラフィック協会に還元し、動物や生息地の保護などの活動を支援しています。

日本では日経ナショナル ジオグラフィック社を設立し、1995年に創刊した月刊誌『ナショナル ジオグラフィック日本版』のほか、書籍、ムック、ウェブサイト、SNSなど様々なメディアを通じて、「地球の今」を皆様にお届けしています。

nationalgeographic.jp

その話、諸説あります。

2020年2月25日　第1版1刷

編　者　ナショナル ジオグラフィック
監　修　鈴木悠介（世界史）／山岸良二（日本史）／竹田淳一郎（科学）／成島悦雄（生き物）／青木和光（宇宙）
イラスト　上田よう
デザイン・制作　望月昭秀＋境田真奈美（NILSON）
編　集　尾崎憲和
編集協力　藤原祐葉（ナイスク）
執筆協力　松本理恵子（1、2章）／奈落一騎（3、4、5章）
発行者　中村尚哉
発　行　日経ナショナル ジオグラフィック社
〒105-8308 東京都港区虎ノ門4-3-12
発　売　日経BPマーケティング
印刷・製本　加藤文明社

ISBN 978-4-86313-474-4　Printed in Japan
乱丁・落丁本のお取替えは、こちらまでご連絡ください。
https://nkbp.jp/ngbook